Mirco Doebel

**Der Chief Information Officer (CIO) der Zukunft**

Herausforderungen, Kernkompetenzen und Karrierepfade

AF166520

IGEL Verlag

Mirco Doebel

**Der Chief Information Officer (CIO) der Zukunft**

Herausforderungen, Kernkompetenzen und Karrierepfade

1. Auflage 2010 | ISBN: 978-3-86815-284-5

Die Deutsche Nationalbibliothek verzeichnet diesen Titel in der Deutschen Nationalbibliografie. Bibliografische Daten sind unter http://dnb.d-nb.de verfügbar.

Dieses Fachbuch wurde nach bestem Wissen und mit größtmöglicher Sorgfalt erstellt. Im Hinblick auf das Produkthaftungsgesetz weisen Autoren und Verlag darauf hin, dass inhaltliche Fehler und Änderungen nach Drucklegung dennoch nicht auszuschließen sind. Aus diesem Grund übernehmen Verlag und Autoren keine Haftung und Gewährleistung. Alle Angaben erfolgen ohne Gewähr.

IGEL Verlag

# Inhaltsverzeichnis

II

# Abkürzungsverzeichnis

| | | |
|------|---|------------------------------------------------|
| CEO  | = | Chief Executive Officer                        |
| CFO  | = | Chief Financial Officer                        |
| CIO  | = | Chief Information Officer                       |
| COO  | = | Chief Operating Officer                         |
| ERP  | = | Enterprise Ressource Planning                  |
| IKT  | = | Informations- und Kommunikationstechnik        |
| IRM  | = | Information Resource Management                 |
| IS   | = | Informationssystem                             |
| IT   | = | Informationstechnik                            |
| ITIL | = | Information Technology Infrastructure Library  |
| MBA  | = | Master of Business Administration              |
| RFID | = | Radio Frequency Identification                 |
| SLA  | = | Service Level Agreement                        |
| SOx  | = | Sarbanes-Oxley-Act                             |
| VP   | = | Vice President                                 |

# Abbildungsverzeichnis

# 1 Einführung

## 1.1 Ausgangsstellung

„Heutige CIOs (Chief Information Officer) stehen am Scheideweg"
(Broadbent/Kitzis 2005, 1). Eine Aussage, die in vielen aktuellen wissen-
schaftlichen Veröffentlichungen[1] aufgegriffen wird und die Diskussionen
über das Berufsbild des IT-Leiters in den letzten Jahren vorangetrieben
hat. Es geht um die Debatte darüber, für welche Welt sich der CIO in seinem Unternehmen entscheiden sollte. Der eine Weg führt ihn ins Business, wo er als Verantwortlicher über die informationstechnische Abbildung der Geschäftsprozesse die Geschäftsführung unterstützt. Der andere lenkt ihn in die Richtung eines reinen IT-Managers, der für die Sicher-
stellung des ordnungsgemäßen IT-Betriebs verantwortlich ist. „Die Zeiten, in denen der CIO irgendwo in der Mitte zwischen Geschäft und Informationstechnik balanciert, gehen zu Ende" (Brenner/Witte 2007, 9).
Grund dafür ist die stetig zunehmende Bedeutung der IT als Wettbewerbsfaktor. Mit ihrem Einfluss in sämtliche Unternehmensbereiche
durchdringt sie die Wertschöpfungsketten der Unternehmen. Für den historisch bedingten Verwalter des Informationssystems kommt eine zusätzliche Verantwortung als strategischer Gestalter hinzu. Eine Doppelbe-
lastung, der er alleine nicht gerecht werden kann. Die vorliegende Untersuchung beschränkt sich auf die Betrachtung dieser „neuen CIOs"
(Broadbent/Kitzis 2005, 2), die sich in der Unternehmenstruktur unauf-
haltsam von einem operativen Level zu einer Führungskraft im Management entwickeln (vgl. Polansky et al. 2004, 1). Für den sich ändernden
Verantwortungsbereich dieser CIOs bedarf es eines neuen Berufsbildes
hochqualifizierter Führungskräfte, die die strategische Wichtigkeit des
Wettbewerbsfaktors „Information" bis in die Geschäftsführung vorantreiben und bei der Erreichung der Geschäftsziele unterstützen (vgl. Ghezzo
2008, 1). Die technische Ausrichtung klassischer CIOs erschwert jedoch
dieses Vorhaben, Wissen und Erfahrung in die Gestaltung von Prozessen,
Produkten und Geschäftsmodellen einzubringen. Der neuen Generation
von CIOs wird immer noch eine Rolle als „Maschinist" zugesprochen,
wodurch ihnen die „Senderlegitimation" fehlt, ihre Vorschläge auf Vorstandsebene ausführen zu können (vgl. Brenner/Witte 2007, 21).

---

[1] Unter anderem in: (Brenner/Witte 2007, 9); (Schubert 2004, 21); (Chabrow 2008, 13); (Broadbent/Kitzis 2005, 1).

In den letzten Jahren haben darüber hinaus Aussagen wie bspw. Carrs provokative Thesen in „IT Doesn't Matter" (Carr, 2003) das Vertrauen in die IT und damit die Position vieler CIOs negativ beeinflusst.

Die vorangegangene Diskussion gibt Anlass zur Frage, welches Profil ein strategisch ausgerichteter CIO benötigt, um seiner neuen Rolle gerecht zu werden und dadurch in der Zukunft erfolgreich agieren zu können.

Die vorliegende Untersuchung analysiert die Anforderungen an den CIO der Zukunft. Im Fokus stehen dabei folgende Forschungsfragen:

- Welche Herausforderungen haben den größten Einfluss auf den zukünftigen Aufgabenbereich des CIO?
- Welche Karrierepfade bieten die besten Chancen auf die Position eines CIO?
- Welche Erfolgsfaktoren helfen dem CIO sich im Unternehmen zu positionieren bzw. seine Position zu verbessern?

Ziel der Untersuchung ist es daher festzustellen, wie sich die zukünftige Situation des CIO verändern wird und welche Konsequenzen sich daraus für seinen Karrierepfad und seine Erfolgsfaktoren im Unternehmen ergeben.

Wie die Ausgangsstellung hervorgebracht hat, stehen gegenwärtige CIOs vor der Entscheidung zwischen zwei unterschiedlichen Perspektiven auf die IT. Diese Untersuchung betrachtet ausschließlich den strategisch ausgerichteten CIO, der die IT als wichtigsten Bestandteil jedes Geschäftsprozesses sieht. Er strebt an, auf Vorstandsebene das Wertschöpfungspotenzial der IT zu kommunizieren und in das Geschäftsmodell seines Unternehmens zu integrieren. In der Literatur tritt dieser CIO unter verschiedenen Synonymen auf. Broadbent und Kitzis (2005, 2) sprechen von „The New CIO Leader" und Polansky, Inuganti und Wiggins (2004, 26) bezeichnen ihn als „The 21st Century CIO".

## 2 Der CIO (Chief Information Officer)

Im Fokus der vorliegenden Untersuchung steht der strategisch ausgerichtete CIO. Dieses Kapitel soll dazu dienen, neben einer Beschreibung seiner Person, einige aktuelle Aspekte seiner derzeitigen Stellung innerhalb der Unternehmen zu verstehen. Der erste Abschnitt beginnt mit einer Erläuterung der Wortherkunft, erklärt seine Position und bezieht Stellung zu Definitionen. Im Anschluss folgt eine Darstellung der chronologischen Entwicklung, die zum Berufsbild des CIO geführt hat. Der nächste Abschnitt verdeutlicht seine Einordnung im organisatorischen Umfeld und beschreibt seine verschiedenen Rollen. Nach einer Verdeutlichung seiner Ziele und Aufgaben innerhalb des Unternehmens, folgt abschließend eine Betrachtung verschiedener Spannungsfelder der IT mit ihrem Einfluss auf die aktuelle Situation des CIO.

### 2.1 Das Akronym CIO und seine Definition

Die Bezeichnung des Chief Information Officer kommt aus dem angloamerikanischen Sprachraum und steht für die Top-Position der IT im Unternehmen (vgl. Sackarendt 2003, 157). Trotz der angloamerikanischen Herkunft hat sich der Chief Information Officer, unter dem Akronym CIO, in vielen europäischen Unternehmen etabliert. In Deutschland werden synonym die Begriffe Senior Manager IT, VP Information Management, Ressortleiter IT und Leiter IT genannt, welches die, parallel zu dieser Untersuchung, durchgeführte Befragung ergeben hat. Die in der Theorie als idealtypisch geltende Bezeichnung des Informationsmanagers hat sich in der Praxis weniger durchgesetzt (vgl. Heinrich/Lehner 2005, 40).

Die erste Nennung des CIO als neue Führungskraft aus der Reihe der CxO[2] lässt sich auf das Jahr 1980 zurückführen. In seinem Vortrag auf der INFO'80 Konferenz, erwähnte William R. Synnott als Erster den Chief Information Officer. Dieser Beitrag wurde daraufhin in einem Artikel der Computerworld (Oktober 20, 1980) zitiert (vgl. Penrod et al. 1990, 1). Synnott war später auch Mitautor des Buches „Information Resource Management: Opportunities and Strategies for the 1980's", in dem der CIO seine erste wissenschaftliche Erwähnung fand. Zusammen mit William H. Gruber dokumentierte er neben dem Anfang der 70er Jahre aufkommenden Information Resource Management (IRM) die Wichtigkeit einer Führungskraft, um diesen Managementansatz im Unternehmen zu unterstützen (vgl. Synnott/Gruber 1981, 66).

---

[2]    Mit „CxO" sind alle Chief corporate Officer gemeint, wie bspw. Chief Financial (CFO), Chief Executive (CEO), oder Chief Operating Officer (COO).

Synnott griff dieses CIO-Konzept 1987 erneut auf und definierte den CIO wie folgt:

„a CIO is the highest ranking executive with primary responsibility for information management. The CIO is responsible for the planning and architecture of the firm's information resources, for promoting information technology throughout the firm, and for looking after the corporation's investment in technology" (Synnott 1987, 19).

Demnach ist der CIO nicht, wie aus dem Namen irrtümlich geschlossen werden könnte, die Person im Unternehmen, die die Informationen kontrolliert. Er ist für die Planung und den Aufbau aller Systeme zuständig, durch die Informationen fließen. Der bereits starke Bezug auf die hierarchische Positionierung ist bei dieser Definition besonders auffällig. Des Weiteren hat Synnott darauf geachtet, dass der CIO nicht als reiner Techniker verstanden wird. CIOs seien „business men first, managers second, and technologists third - in that order" (Synnott 1987, 23). Er stellte damit schon frühzeitig klar, dass CIOs in erster Linie für die strategische Ausrichtung der IT an die Unternehmensstrategie verantwortlich sind. Als Manager und Führungskraft haben sie darüber hinaus die Aufgabe, ihre IT-Organisation und deren Belegschaft zu steuern.

Eine spätere Definition von Robert Boyle und John Burbridge griff diese enge Verbindung zur Geschäftsführung erneut auf und gab eine detaillierte Beschreibung seiner Tätigkeiten: "We define CIO as an executive with broad responsibility for information technology (e.g., data processing, telecommunications, and office automation) who reports to a high-level corporate officer (e.g., president or CEO)" (Boyle/Burbridge 1991, 13).

Krcmar definierte den Chief Information Officer 2004 als „die Berufsbezeichnung für eine Person/Führungskraft, die verantwortlich ist für die Informationstechnik und Anwendungen, die die Unternehmensziele unterstützen" (Krcmar 2005, 304). Trotz der sich ständig ändernden Aufgaben und Anforderungen an die IT, zeigt diese modernere Definition des CIO, dass sich in den letzten Jahrzehnten an der theoretischen Sicht auf das Berufsbild nichts geändert hat. Auch Krcmar stellt die strategische Verantwortlichkeit, die Unternehmensziele mit Zuhilfenahme der Informationstechnik zu unterstützen, in den Mittelpunkt.

Warum sich jedoch das Bild des „Technikers", welches viele Führungskräfte historisch bedingt vom CIO haben, bis heute nicht geändert hat, zeigt der nachfolgende Abschnitt.

## 2.2 Die Entstehung der Rolle

Dieser Abschnitt beschreibt die chronologische Entstehung des Berufsbildes des CIO. Er soll verdeutlichen, warum viele CIOs noch heute vor dem Problem stehen, sich als gleichberechtigte Partner in der Unternehmensführung zu etablieren und stattdessen oftmals noch als „Maschinisten" oder „Techniker" angesehen werden.

Nach Krcmar (2005, 304) kann die Entwicklung zum CIO wie folgt beschrieben werden: vom „Abteilungsleiter Rechenzentrum zum Innovationsmanager im Vorstand".

Die Anfänge des Berufsbildes lassen sich auf die Mitte der 50er Jahre zurückführen. Im Jahre 1955 hielten die ersten größeren Anwendungen der Informations- und Kommunikationstechnik (IKT) Einzug in Unternehmen. Zu diesem Zeitpunkt benötigte jedes Unternehmen einen „Maschinisten", um diese zu verwalten. Dieser stand der Hardware und Software noch sehr viel näher als dem Geschäft (vgl. Brenner/Witte 2007, 22-23). Anfang der 60er Jahre begann die Zeit der Massendatenuntersuchung. Abgrenzbare, wiederholbare und automatische Prozesse erleichterten vor allem die Buchhaltung und Lohn- und Gehaltsabrechnung. Aus dieser Tatsache heraus sind heutzutage noch viele IT-Abteilungen Teilbereiche des Finanz- und Rechnungswesens. Der IT-Leiter war in dieser Zeit in erster Linie für den Betrieb des Rechenzentrums zuständig – sofern dieses existierte – und wurde noch als Rechenzentrumsleiter bezeichnet. In den 70er Jahren begann sich das Bild des CIO zu wandeln. Neben dem Betrieb der Hardware, gewann die Anwendungsentwicklung in Form von Projekten eine immer größer werdende Bedeutung. Das zentrale Aufgabenfeld der CIO bestand in der Integration von Anwendungen und Anwendungsdaten (vgl. Brenner/Witte 2007, 23-27).

Mit der schnellen Verbreitung des Personal Computers in alle Bereiche der Unternehmen, Anfang der 80er Jahre, konnten die großen Potenziale der IKT nicht mehr bestritten werden. 1985 stellten Michael Porter und Victor Millar erstmalig fest, dass der Erfolg einiger Unternehmen sehr eng mit Investitionen in IKT zusammenhing (vgl. Porter/Millar 1985, 150-151). Mit diesem Zugeständnis des Wertschöpfungspotenzials der IT wurde der „technikorientierte DV-Manager" der 60er und 70er Jahre durch den „führungsorientierten Informationsmanager" ersetzt (vgl. Heinrich/Lehner 2005, 41).

Der CIO musste sich dem Business nähern, um seiner neuen Aufgabe, die Unternehmensstrategie und Informations- und Kommunikationstechnik zu verknüpfen, gerecht zu werden.

Nachdem in den 8oer Jahren das Wachstum der Anwendungslandschaften und die Integration von Anwendungen und Daten im Vordergrund standen, befanden sich in den 9oer Jahren die Prozesse im Zentrum der IT. Die Prozesse der bestehenden Anwendungslandschaften wurden analysiert und mit Hilfe von Standardsoftware anwendungs- und bereichsübergreifend umgestaltet. Erstmals war es möglich, nicht die Organisation an die Anwendungssysteme anpassen zu müssen, sondern, dank unternehmensweiter „Enterprise Ressource Planning"-Systeme (ERP-Systeme)[3], die Anwendungen an die internen Unternehmensprozesse anzupassen. Der CIO fungierte in dieser Zeit als Change Manager, der neben der Einführung von Standardanwendungen die prozessorientierte Umgestaltung der Organisation koordinieren musste (vgl. Brenner/Witte 2007, 27-34). Im ersten Jahrzehnt des 21. Jahrhunderts stand die Vernetzung im Mittelpunkt. Durch das Internet und das daraus resultierende E-Business haben sich viele Geschäftsmodelle verändert oder wurden erst geschaffen. Prozesse entwickelten sich verstärkt unternehmensübergreifend und unterstützten somit die gesamte Wertschöpfungskette. IT bot neben der Anpassung an die Unternehmensstrategie erstmalig Möglichkeiten, diese selber mitzugestalten. Trotz der Euphorie war die Zeit für viele CIOs ein Albtraum. Sie mussten mit ansehen, wie andere Führungskräfte ihre Untersuchung machten. CIO wurden größtenteils immer noch als „Maschinisten" gesehen, die sich eher der technischen Seite zuwandten und keine Berechtigung bei der Mitgestaltung des Geschäftes hatten (vgl. Brenner/Witte 2007, 35-36).

Abbildung 1 verdeutlicht die Entwicklung der IT von der Unterstützung des Geschäfts durch Automatisierung, über die effiziente Anpassung an das Geschäft (IT-Alignment), bis hin zur Ermöglichung von neuen Geschäftsmodellen (IT-Enabling).

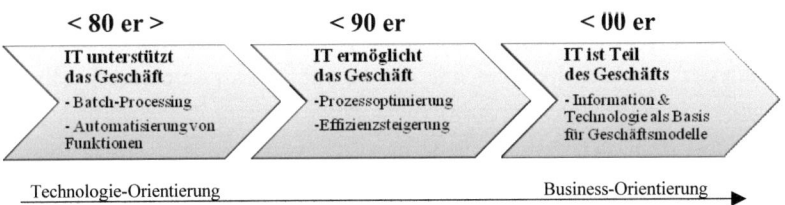

Abbildung 1: Konstant ist nur der Wandel (Quelle: In Anlehnung an (Kirchmann 2004, 2))

---

[3]  ERP-Systeme: Bezeichnen Anwendungssysteme mit fertigen, branchenneutralen und generalisierten Lösungen und vordefinierten Business Content (vgl. Biethahn et al. 2004, 129).

Zum Einen hat der Abschnitt verdeutlicht, wie die IT über fünf Jahrzehnte immer weiter ins Zentrum vieler Geschäftsprozesse, Produkte und Geschäftsmodelle gerückt ist. Durch IT lassen sich neue Geschäftsimpulse in sämtlichen Unternehmensbereichen erzielen. Sie wird auch in Zukunft weiterhin ein Erfolgsfaktor bleiben, der das Wissen im Unternehmen immer effizienter zu nutzen weiß. Zum Anderen wurde gezeigt, warum der CIO trotz dieser Entwicklung in einigen Unternehmen immer noch nicht im Vorstand „angekommen" ist, um selber an strategischen Entscheidungen mitzuwirken. Jedoch hat sein Portfolio an Verantwortlichkeiten seit der ersten Erwähnung in der Wissenschaft kontinuierlich zugenommen (vgl. Polansky et al. 2004, 29).

### 2.3 Positionierung in der Unternehmensstruktur

Der Abschnitt 2.2 „Die Entstehung der Rolle" hat verdeutlicht, dass dem CIO in Abhängigkeit von der Bedeutung der IT für das Unternehmen unterschiedliche Rollen zugeordnet wurden. Dieser Abschnitt nimmt eine detaillierte Betrachtung der aktuellen Rollen des CIO vor und beschreibt die unterschiedlichen Möglichkeiten der organisatorischen Eingliederung.

Trotz dem CxO Titel aus der Reihe der „Chief corporate Officer" geht mit der Position des CIO nicht immer ein Platz in der Geschäftsleitung einher. Diese Untersuchung sieht den CIO als den höchstrangigen IT-Verantwortlichen eines Unternehmens der nicht zwangsläufig im Vorstand verankert ist. Mit dieser Haltung steht sie nicht alleine dar:

„It could be a main board position reporting to the CEO, or located one or two levels below, reporting to a board" (vgl. Earl 2003, 456).

Eine Untersuchung zur personellen Verankerung der IT-Funktion im Vorstand fand heraus, dass lediglich in 25% der deutschen, schweizer und österreichischen börsennotierten Unternehmen der CIO Mitglied des Vorstandes ist (vgl. Riedl/Roithmayr 2008, 117). In Kapitel 5 werden Faktoren analysiert, welche für eine bessere Positionierung erfolgversprechend sind.

Auf die organisatorische Stellung des CIO in zweiter oder dritter Hierarchieebene lässt sich aus dem Organigramm des Unternehmens schließen. Durch seine Position als Leiter der IT-Abteilung sind hier zumeist die Berichtswege vordefiniert. Als Stabstelle der Unternehmensleitung findet der Bericht direkt zum CEO statt, wohingegen als historisch bedingter Teilbereich des Rechnungswesens an den CFO berichtet wird. Eine Erklärung der Bedeutung dieser Berichtswege und ihrer Relevanz für den Status des CIO im Unternehmen findet sich in Kapitel 5.2.5.2 wieder.

Liegt innerhalb des Organigramms eine stark dezentrale Organisation der IT vor, die bspw. in großen Unternehmen vorherrscht, so ist es nicht unüblich den Aufgabenbereich des CIO mehreren Personen zuzuordnen. In diesem Fall existiert ein Unternehmens-CIO, der auf Vorstandsebene direkten Einfluss auf die strategische Ausrichtung der IT ausüben kann und dem CEO berichtet. Ihm unterstellt sind Bereichs-CIOs, die einer bestimmten Abteilung oder Region zugeordnet sind und dort ihre Aufgaben und Verantwortlichkeiten haben (vgl. Broadbent/ Kitzis 2005, 18-19).

Wie jedem Mituntersucher sind auch dem CIO innerhalb des Unternehmens verschiedene Rollen zugeordnet. Heinrich und Lehner beschreiben den idealen Informationsmanager in folgenden fünf Rollen: Er soll „Organisator, Technokrat, Ausbilder, Unternehmensstratege und Führungspersönlichkeit" (Heinrich/Lehner 2005, 42) sein.

1999 entwickelten Jeanne W. Ross und David F. Feeny eine Studie darüber, wie sich die Rolle des CIOs in der Zukunft verändern wird. Nach Angaben der Studie wird dem CIO innerhalb seines Unternehmens eine wachsende Verantwortlichkeit zugesprochen, um als strategischer Denker im Vorstand die Zukunft des Unternehmens zu beeinflussen. Sie bezeichnen diese neue Rolle als „Networker" (vgl. Ross/Feeny 1999, 13).

## 2.4  Aufgaben und Ziele

Die vorherigen Abschnitte haben gezeigt, dass sich mit zunehmender Bedeutung der IT, auch die Komplexität der Rolle des CIO innerhalb der Unternehmen verändert. Zurückzuführen ist dies auf ein breiteres Spektrum an Aufgaben und Verantwortungen, bedingt durch eine immer dichtere Positionierung zum Geschäft.

Die Aufgaben des CIOs sind vielfältig. Neben strategischen Manageraufgaben gehören auch administrative und operative Tätigkeiten zu seinem Verantwortungsbereich. Die Ausgestaltung der einzelnen Aufgaben des Informationsmanagers kann dabei jedoch nicht losgelöst von der Unternehmenssituation und Art des Unternehmens betrachtet werden (vgl. Heinrich/Lehner 2005, 43). Je nach wirtschaftlicher Lage des Unternehmens kann sich das Aufgabenspektrum von Kostensenkung bis zur Entwicklung von Innovationen hinstrecken. Des Weiteren haben unterschiedliche Branchen auch unterschiedliche Anforderungen an die IT und somit an den CIO.

Eine Umfrage der TU München, welche 46 CIOs deutscher Unternehmen umfasste, hat ergeben, dass CIOs in einer hohen hierarchischen Position mehr strategische und weniger operationelle Aufgaben erfüllen als ihre Kollegen auf der zweiten oder dritten Hierarchieebene. Die Dominanz der strategischen Aufgaben, die mehr als die Hälfte der Zeit beanspruchen, war jedoch bei allen Befragten vorzufinden (vgl. Daum et al. 2004, 4).

Trotz der Vielfältigkeit der Aufgabenprofile, versucht dieser Abschnitt einen Überblick verschiedener Ziele und Aufgabenmuster zu geben.

Penzel (2001, 1) teilt die Aufgaben des CIO in drei Kernaufgaben:

1. Software- und Hardware-Architekturen und –Standards setzen, implementieren und ständig aktuell halten.

2. Regelmäßig neue Anwendungen priorisieren.

3. Übergreifende Hilfe, wenn einzelne Divisionen auf Probleme stoßen, die sie selbst nicht bewältigen können.

Diese Aufteilung stellt die Manageraufgaben, die IT als Wettbewerbsfaktor der Unternehmensstrategie voranzutreiben, nur bedingt in den Vordergrund. Hauptaugenmerk liegt auf der Unterstützung des Geschäfts durch IT, mittels des kontinuierlichen Anpassens der IT-Infrastruktur. Eine Umfrage des CIO Magazine aus dem Jahre 2006, welche 545 CIOs umfasste, (Prewitt/Ware 2007, 8) widerspricht dieser Aufteilung. Auf die Frage „Wie CIOs ihre Zeit verbringen" wurden die folgenden Tätigkeiten am häufigsten genannt (Mehrfachnennungen waren möglich):

1. Interagieren mit CxO und anderen Führungskräften ( 65 % )

2. Treffen von strategischen Entscheidungen ( 63 % )

3. Strategische Geschäftsplanung ( 51 % )

Der CIO darf daher nicht nur partikulär IT-Projekte und deren Hard- und Software priorisieren. Er muss in der Lage sein Geschäftsprozesse ganzheitlich zu verstehen, um dann verantwortlich entscheiden zu können, welche neuen, am Markt angebotenen IT-Lösungen für das Unternehmen sinnvoll sind und wie ein unternehmensganzheitliches System geschaffen werden kann (vgl. Kirchmann 2004, 3).

Krcmar nimmt eine Aufgabenaufteilung des CIO vor, in der diesen Managementaufgaben eine bedeutendere Rolle zukommt. Als Leiter der IT-Abteilung muss er folgende Bereiche beaufsichtigen und koordinieren (Krcmar 2005, 308):

„IS-Strategie Architekturentwicklung: Umsetzung der Geschäftsmodelle in optimale IS-Konzepte:

- Technische Innovationen: IS-Budget zur Erprobung neuer IS-Technologien.
- Innovationsmanagement: Entwicklung von Konzepten und Beurteilen ihrer Einwirkung auf die Strategie.
- IT-Controlling: Freigabe und Überwachung von Projektplänen und Leistungsverrechnung.
- IS-Wissensstrategien: Planung/Aufbau neuer Fähigkeitsprofile."

Als Unterstützung stehen dem CIO hierbei neben der IT-Abteilung das zentrale Rechenzentrum und die zentrale Anwendungsentwicklung zur Seite. Krcmar leitet aus diesen Aufgabenschwerpunkten die zentralen Ziele des CIO ab. Als Verantwortlicher über alle IT-Bereiche eines Unternehmens stellt er Effizienz als auch Effektivität des gesamten IS-Budgets sicher. Langfristig entwickelt er des Weiteren eine technologische und organisatorische Vision für das Unternehmen (vgl. Krcmar 2005, 308).

Dies zeigt erneut, wie stark sich der Informationsmanager in seiner Entwicklung dem Business genähert hat. Kern seiner Tätigkeit ist nicht mehr die Überwachung eines Rechenzentrums, welches als Unterstützung für den Fachbereich dient, sondern der effiziente und effektive Einsatz der IT innerhalb der Unternehmensstrategie.

## 2.5 Aktuelle Entwicklung

Verschiedenste Regularien und Aussagen haben in den vergangenen Jahren das Vertrauen in die IT positiv als auch negativ beeinflusst. Im Folgenden werden zwei dieser Ereignisse mit ihrer jeweiligen Auswirkung auf das Berufsbild des CIO vorgestellt.

### 2.5.1 Nicholas G. Carrs Thesen

Im Mai 2003 löste Nicholas G. Carr mit seinem provokativen Harvard Business Review Aufsatz „IT Doesn't Matter" (Carr 2003) eine Welle der Diskussionen in der IT Welt aus. Seine Thesen und Argumente schrieb er 2004 in seinem Buch „Does IT matter?" (Carr 2004) nieder.

Carr behauptet, dass Informationstechnik immer mehr zu einer Massenware (Commodity) geworden sei und es somit in der Zukunft für kein Unternehmen mehr möglich ist, IT als Wettbewerbsvorteil zu nutzen. Unter Massenware versteht Carr ein Produkt, welches für alle Wettbewerber leicht verfügbar ist und sich daher langfristig kein Unternehmen von anderen differenzieren kann (vgl. Carr 2004, 152). Als Grund für diesen Trend nennt er die einfache und schnelle Standardisierbarkeit von Hardware und Software, welche letztendlich dazu führe, dass IT in jedem Unternehmen so einfach zu implementieren und unsichtbar sein werde wie Elektrizität (vgl. Carr 2004, 40). Dem IT-Management, und damit dem CIO, schlägt Carr vor, die IT-Strategien nur noch auf das Senken von Kosten auszurichten, anstatt auf das Implementieren von neuen innovativen Technologien.

Die Kritik an Carrs Thesen ist weitreichend. Donald Tapscott, einer von Carrs größten Kritikern, relativiert im Mai 2004 dessen Aussagen über den fehlenden Wertbeitrag von IT in seinem Beitrag im CIO Magazine „The Engine That Drives Success" (Tapscott 2004). Für ihn ist IT keine Massenware, die für jedes unterschiedliche Geschäftsmodell standardisiert werden kann. „Unternehmen, die es schaffen ihr Business erfolgreich durch IT anzupassen, können einen bedeutenden Wettbewerbsvorteil verwirklichen" (Tapscott 2004, 5). CIOs müssen sich der Herausforderung stellen, diese „best practices"[4] schnellstmöglich zu ermitteln und zu implementieren. Nur durch diese Schnelligkeit können IT-Wertbeiträge geschaffen werden, ohne, wie von Carr behauptet, durch die Konkurrenzsituation auf dem Markt von einem Unternehmensvorteil zu einer Massenware zu werden (vgl. Laplante/Costello 2005, 4).

Trotz aller Gegendarstellungen hat die Position vieler CIOs an Ansehen verloren. Die Macht der IT-Organisation, die bereitgestellten Budgets und das Vertrauen in die IT sind in vielen Unternehmen rückläufig (vgl. Laplante/ Costello 2005, 2).

## 2.5.2 Sarbanes-Oxley-Act

Der Sarbanes-Oxley-Act (SOx) ist ein Investorenschutzgesetz, welches am 30. Juli 2002 von George W. Bush unterzeichnet wurde und damit in Kraft trat. Es wurde nach seinen beiden Verfassern Paul S. Sarbanes und Michael J. Oxley benannt. Ziel des SOx ist es, Investoren durch eine genauere und zuverlässigere Aussagekraft des Jahresabschlusses zu schützen (vgl. Oehlmann 2005, 12).

---

[4]   „best practices" bedeutet, dass man sich an einem allgemein anerkannten und gelebten Standard orientiert, welcher die maximalen Vorteile in sich vereinigt (vgl. Köhler 2005, 34).

Erreicht wurde diese Sicherheit durch einen Anstieg der rechtlichen For-
derungen an börsennotierte Unternehmen aus den USA. CEOs und CFOs
haften persönlich für die Richtigkeit ihrer Berichterstattungen. Da diese
Berichte auf Grundlage der unternehmensinternen Informationen erho-
ben werden, wird der CIO immer mehr mit in die Verantwortung genommen. Auch wenn es noch nicht die Mitgestaltung der Unternehmensstrategie bedeutete, so hat der CIO sich doch als gleichwertiger Geschäfts-
partner in der Geschäftsführung etabliert. Für den CIO ergeben sich durch
den SOx zusätzliche Aufgaben, die zuvor eher vernachlässigt wurden. Er
muss eine Schnittstelle zwischen IKT und Recht schaffen, indem er die IT-
Strategie an die neuen Regularien anpasst (vgl. Brenner/Witte 2007, 59-
60).

Die Meinungen über die Vorteilhaftigkeit für den CIO gehen weit ausein-
ander. Für viele ist die hinzugekommene Verantwortung und die bessere
Zusammenuntersuchung mit dem Vorstand ein Zeichen dafür, dass sich
der CIO immer weiter in Richtung der Anteilnahme an Gestaltung der Unternehmensstrategie bewegt (vgl. Broadbent/Kitzis 2005, 13-14). Andere
sehen wiederum in der zusätzlichen Verantwortung eine sehr große Herausforderung, da sich kein CIO, weder theoretisch noch praktisch, im
Rahmen seiner Ausbildung mit diesem neuen Gebiet des Rechts ausein-
ander gesetzt hat (vgl. Brenner/Witte 2007, 60).

## 3 Beschreibung der Untersuchungsmethodik

Die vorliegende Untersuchung behandelt Herausforderungen, Karriere-pfade und Kernkompetenzen zukünftiger CIOs. Insbesondere im Bereich der Karrierepfade liegen derzeitig wenige wissenschaftliche Erkenntnisse vor. Um diese Lücke zu schließen und gleichzeitig aussagekräftige und aktuelle Ergebnisse für die anderen Forschungsfelder zu liefern, ist eine empirische Erhebung über den Personenkreis der CIOs unabdingbar. Die-se wurde durch ein exploratives Verfahren mittels eines Fragebogens durchgeführt. Aufgrund der sehr begrenzten Zielgruppe, wurden alle Fra-gebögen persönlich adressiert und den Befragten in schriftlicher Form zugesandt. Teilnehmer der Umfrage waren hochrangige IT-Verant-wortliche 169 bedeutender deutscher und schweizer Unternehmen, zu denen unter anderem die 30 Dax Unternehmen zählten.

Mit einer Resonanz von 52 Personen, was einer erfreulichen Rücklaufquo-te von 30,77% entspricht, besteht die Möglichkeit Aussagen über IT-Leiter deutschsprachiger Unternehmen und ihrer IT-Organisationen zu treffen, sowie bestehende Forschungsergebnisse zu beurteilen.

Um einen Überblick der teilgenommenen Unternehmen zu bekommen, zeigt

Abbildung 2 die Verteilung ihrer unterschiedlichen Branchen. Es wird deutlich, dass die Umfrage ein breites Spektrum unterschiedlicher Wirt-schaftszweige abdeckt.

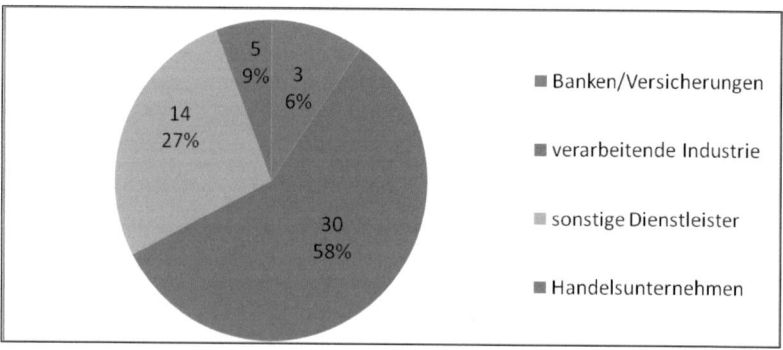

Abbildung 2: Verteilung der Branchen der befragten Unternehmen

Abbildung 3 gibt des Weiteren einen Eindruck über die Größe der Unter-nehmen. Aufgezeigt ist die Anzahl der Mituntersucher im Verantwor-tungsbereich der befragten CIO.

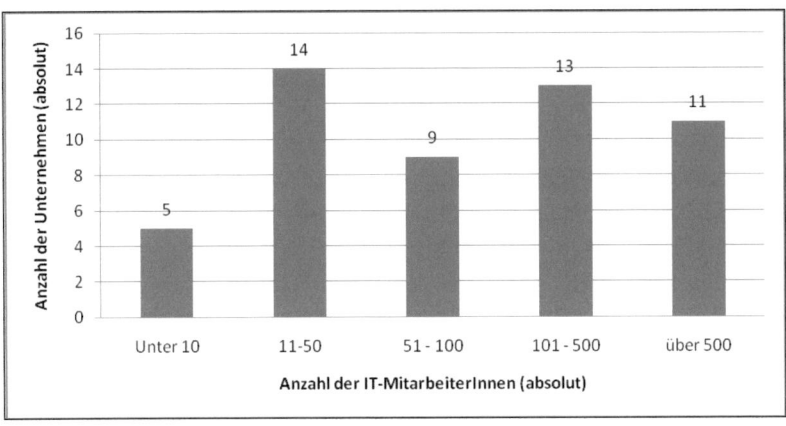

Abbildung 3: Anzahl MituntersucherInnen im IT-Verantwortungsbereich der befragten CIOs

Der entwickelte Fragebogen ist in drei Bereiche untergliedert. Ein erster Abschnitt stellt Fragen zu relevanten Tätigkeitsbereichen in Gegenwart und Zukunft. Des Weiteren untersucht er die Positionierung des CIO im Unternehmen. Daraufhin folgen Fragen zum Geschäftsmodell. Ein abschließender Block befasst sich mit der Datenerhebung von Fakten über die Person des CIO und sein Unternehmen. Im Fokus stehen dabei die individuellen Karrierepfade der CIOs. [5]

Die Umfrage ist in Zusammenuntersuchung mit einem Kommilitonen entstanden, welcher den Zusammenhang der Positionierung des CIO und seinem Geschäftsmodell empirisch untersucht. Der Fragebogen umfasst daher auch Bereiche, welche für eine Untersuchung der Forschungsfragen, dieser Untersuchung, nicht relevant sind.

Im Verlaufe der Untersuchung wird an mehreren Stellen Bezug auf Fragen des ersten und dritten Abschnitts genommen. Deren Ergebnisse werden anhand von Diagrammen und Grafiken veranschaulicht dargestellt.

Die Datenauswertung erfolgt durch die Berechnung relativer und absoluter Häufigkeiten, deren arithmetisches Mittel und die Analyse von Histogrammen. Eine detaillierte Auswertung der verwendeten Fragen befindet sich im Anhang ab Seite 46.

---

[5]    Eine Kopie des Fragebogens befindet sich im Anhang ab Seite 44.

## 4 Die zukünftigen Aufgaben und Herausforderungen des CIO

Kapitel 2 hat gezeigt, dass die IT einem stetigen Wandel unterzogen ist. Bedingt durch ihren Einfluss ändern sich zukünftige Bedürfnisse der Unternehmen. Als Verantwortlicher für die IT muss der CIO diese ermitteln und ihre Relevanz für die Zukunft bewerten.

Im Rahmen der Befragung wurde die Relevanz einiger wichtiger Aufgaben des IT-Bereichs ermittelt. Eine Umfrage kann dabei nicht das gesamte Spektrum abdecken. Um trotzdem ein aussagefähiges Ergebnis zu bekommen, wurden die zurzeit meist diskutierten Herausforderungen gewählt.

Es sei jedoch darauf hingewiesen, dass jedes Unternehmen, abhängig von seiner strategischen Ausrichtung, Branche und dem Vertrauen in die IT, unterschiedliche Bedürfnisse an diese hat (vgl. Schubert 2004, 66).

Abbildung 4 spiegelt die Auswertung von sechs Aufgabenfeldern mit ihrer heutigen und zukünftigen Relevanz wider[6].

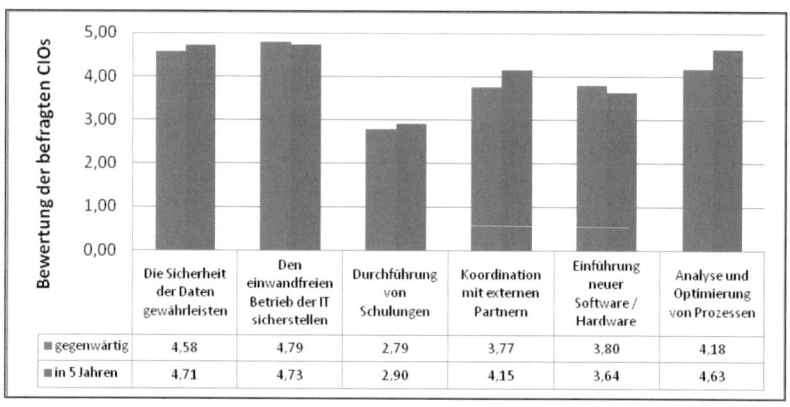

Abbildung 4: Zukünftige und gegenwärtige Aufgaben des IT-Bereichs der befragten Unternehmen

Das Diagramm zeigt deutlich, dass die Hauptaufgabe der IT-Organisationen in der kostengünstigen Aufrechterhaltung der bestehenden Infrastruktur liegt. Erst danach folgen Tätigkeiten die sich mit moderneren Konzepten wie Outsourcing und Innovationen beschreiben lassen. Dieses Ergebnis widerspricht den aufgezeigten theoretischen Ansät-

---

[6]   Daten beruhen auf der durchgeführten Umfrage. Die Ergebnisse befinden sich im nhang ab S. 45.

zen, welche die IT in vielen Unternehmen als Innovationsfaktor sehen. In der zukünftigen Entwicklung wird diese Erkenntnis noch deutlicher bestätigt. Die „Einführung von Software/Hardware" zur Innovationssteigerung ist rückläufig. Der Fokus der IT-Organisationen wird in Zukunft immer weiter auf der Kostenreduzierung liegen. Dies lässt sich aus der zunehmenden Bedeutung der „Koordination mit externen Partnern" und der „Analyse und Optimierung von Prozessen" schlussfolgern.

In den folgenden Abschnitten werden diese Herausforderungen näher betrachtet. Im Fokus steht vor allem, welche Rollen und Verantwortungen der CIO in den jeweiligen Aufgabenfeldern zu bewältigen hat. Auf eine Ausführung der „Durchführung von Schulungen" wurde aufgrund ihrer geringen Bedeutung, welche die Befragung für Gegenwart und Zukunft hervorgebracht hat, bewusst verzichtet.

## 4.1 Einwandfreier Betrieb der IT

Als größte Herausforderung der Zukunft für die IT-Organisation eines Unternehmens hat die Umfrage „die Gewährleistung des laufenden Betriebes" hervorgebracht. Die Forderung der Geschäftsführung, die Systeme verfügbar zu halten, ist bereits seit dem Einzug der IT in die Unternehmen der wichtigste Anspruch an den Informationsmanager und hat bis heute nicht an Bedeutung verloren.

Frank Annuscheit, CIO der Commerzbank, hat es in einem Interview mit der Computerwoche im Jahre 2006 auf den Punkt gebracht: „Weil die Abhängigkeit von der IT so hoch ist, ist auch die Primärerwartung an den CIO, den Laden am Laufen zu halten" (Quack 2006, 30).

Wie die Geschichte des CIO vom Rechenzentrumsleiter zum Informationsmanager auf Vorstandsebene (siehe Kapitel 2.2) gezeigt hat, ist die Durchdringung der IKT von Geschäftsprozessen in den letzten Jahrzehnten kontinuierlich angestiegen. In vielen Unternehmen unterstützt die IT die gesamte Wertschöpfungskette, gestaltet diese effizienter und ist damit als wichtiger Wettbewerbsfaktor nicht mehr wegzudenken. Es existiert kaum noch ein Geschäftsprozess, der ohne IT-Unterstützung funktionieren würde (vgl. Porter/Millar 1985, 149-152). Doch diese Abhängigkeit von der IT birgt für viele Unternehmen Risiken. „Ein Betriebsausfall der Systeme – selbst für wenige Stunden – würde für viele Unternehmen eine existenzielle Bedrohung darstellen. Deshalb müssen klare Regeln existieren, wer für diese Aufgabe des reibungslosen Betriebs zuständig und verantwortlich ist." (Brenner/Witte 2007, 43). Der CIO als IT-Leistungserbringer hat hier die Verantwortung mit der Businessseite ein

Vertragswerk abzuschließen, um die Verantwortlichkeiten zu regeln. In diesen SLAs (Service Level Agreements)[7] werden Kennzahlen wie bspw. Verfügbarkeit, Zuverlässigkeit und Bereitschaftszeit der Systeme festgelegt (vgl. Krcmar 2005, 385-387). Die vertraglich definierten IT-Services sind die später erbrachten Leistungen der IT-Organisation.

Eine weitere Aufgabe des CIO im Rahmen der Betriebssicherung ist die Implementierung eines so genannten Katastrophenmanagements. Im Falle von schwerwiegenden Störungen am System müssen Pläne in Kraft treten, die eine schnelle Wiederaufnahme der IT-Infrastruktur ermöglichen. IT-Servicemanagement Frameworks wie ITIL[8] bieten im Rahmen des Continuity Management Standards an, durch die auch im Katastrophenfall eine Handlungsfähigkeit sichergestellt werden kann (vgl. Fröhlich/ Glasner 2007, 92).

Trotz aller möglichen Vorkehrungen innerhalb des Katastrophenmanagements darf der CIO im Rahmen des IT-Controllings die Kosten dieser Maßnahmen nicht außer Acht lassen. Da die Minimierung der Ausfallzeiten mit sehr hohen Kosten verbunden ist, muss hier ein wirtschaftlicher Kompromiss gefunden werden (vgl. Brenner/Witte 2007, 43).

Die Komplexität der mit der Gewährleistung des einwandfreien Betriebes von IT-Systemen verbundenen Managementaufgaben wird für den CIO auch in Zukunft aus folgenden Gründen weiter zunehmen (siehe Kapitel 1 und 2):

- Zunehmender Einsatz von IT in allen Unternehmensbereichen.

- Zunehmender Grad der Vernetzung von Unternehmen/IT-Infrastruktur.

- Komplexität von IT-basierten Leistungen steigt.

## 4.2 Sicherheit der unternehmensinternen Daten gewährleisten

Als nahezu gleichbedeutend hat die Umfrage die Sicherheit der unternehmensinternen Daten hervorgebracht. Nur mit einer funktionierenden IT-Infrastruktur sind diese Daten überhaupt ständig verfügbar, weshalb

---

[7]  Unter Service Level Agreements (SLAs) werden kennzahlenbasierte Vereinbarungen eines Dienstleistungsanbieters mit seinen Kunden bezüglich der zu gewährleistenden Servicequalität verstanden (vgl. Burr 2003, 43).

[8]  Information Technology Infrastructure Library (ITIL) ist eine Sammlung von „best practices" für das IT-Service Management (vgl. Lienemann 2006, 3).

die Herausforderung eng mit dem „einwandfreien Betrieb der IT" verbunden ist.

Im Umkehrschluss können die Programme des Systems nur dann genutzt werden, wenn

- „die richtigen Daten
- zur richtigen Zeit
- in der richtigen Datei
- in der richtigen Form
- weitgehend redundanz- und widerspruchsfrei
- sicher und stets verfügbar für die diversen Anwendungssysteme
- unabhängig von der physischen Speicherung der Daten"

bereitstehen (Biethahn et al. 2004, 107).

Neben dieser kontinuierlichen Bereitstellung der Daten ist auch deren physische Sicherheit von besonderer Wichtigkeit. Der CIO sollte im Rahmen des Managements von IT-Sicherheit diese aufbauen, ständig kontrollieren und stetig weiterentwickeln.

Unter IT-Sicherheit verstehen Heinrich und Lehner „...das Vorhandensein eines gewollten (d.h. geplanten) Ausmaßes an Integrität, Verfügbarkeit, Vertraulichkeit und Verbindlichkeit" (Heinrich/Lehner 2005, 260). Im Management von IT-Sicherheit müssen daher Maßnahmen implementiert werden, die den bewussten Datenmissbrauch externer Hacker, aber auch die ungewollte Datenveränderung interner Mituntersucher minimieren. Sicherheitssysteme sind bspw. neben einer Identitätskontrolle zum Schutz der Vertraulichkeit und Verbindlichkeit, Virenscanner und Firewalls, die die Integrität der Daten vor unbefugter Modifikation bewahren.

### 4.3 Analyse und Optimierung von Geschäftsprozessen

Unter Analyse und Optimierung von Geschäftsprozessen wird in dieser Untersuchung die effiziente Abbildung aller Unternehmensabläufe mittels IT verstanden. Ziel ist es Medienbrüche zu minimieren, Untersuchungsabläufe zu optimieren und die unternehmensübergreifende Zusammenuntersuchung zu fördern. Durch die resultierende Zeit- und Ressourcenersparnis können Kosten gesenkt werden. Ein Beispiel für eine Lösung ist ein in Kapitel 2.2 angesprochenes ERP-System. Der Einsatz dieses, kann beim Optimieren der Wertschöpfungskette bereichsübergreifend helfen.

Der Effizienzsteigerung gegenüber steht die Steigerung der Innovationsfähigkeit. Diese ist zunächst mit erhöhten Kosten verbunden, welche langfristig amortisiert werden sollten. Auf die Frage, „welche dieser beiden Herausforderungen in der Zukunft im Vordergrund stehe", antworteten die teilnehmenden CIOs mit deutlicher Tendenz zur Effizienzsteigerung. (siehe

Abbildung 5)

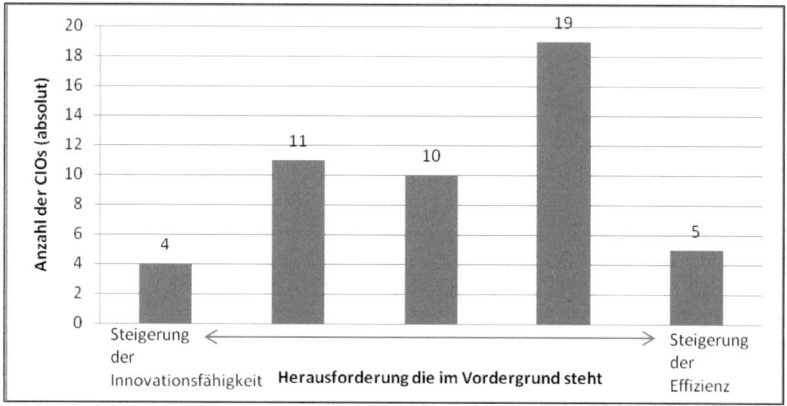

Abbildung 5: Herausforderung der IT, die in den befragten Unternehmen im Vordergrund steht

Eine Umfrage des CIO Magazine kam zu den gleichen Ergebnissen. Die „Reduzierung der Kosten durch Effizienz/Produktivität" erreichte den ersten Platz der IT-Eigenschaften mit dem größten Einfluss auf die Unternehmen (vgl. Prewitt/Ware 2007, 4).

Brenner und Witte stellen fest, dass sich Innovationen und Effizienzsteigerung gegenseitig ausschließen. Strategische Kernkompetenzen sollten mittels Innovationen abgedeckt werden. Nur die von Carr hervorgebrachten „Commodities" stellen Optimierungspotenzial dar. Für den CIO ergibt sich die Aufgabe, die richtigen Produkte zum richtigen Zeitpunkt in der richtigen Qualität bereitzustellen (vgl. Brenner/Witte 2007, 49-50). Diese Standardprodukte können oftmals preiswerter von externen Partnern bezogen werden. Durch diese Vertragsverhältnisse entstehen neue Verantwortungsbereiche für den CIO, welche im folgenden Abschnitt erläutert werden.

## 4.4 Koordination mit externen Partnern

Eine Herausforderung, die nicht zuletzt durch provokative Thesen, wie Carrs „IT als Massenware" (siehe Kapitel 2.5.1) vorangetrieben wurde, ist das Outsourcen von IT-Leistungen an externe Unternehmen.

Die eigene Entwicklung von Software und der Betrieb eines eigenen Rechenzentrums sind historisch bedingt weit verbreitet. Erst mit der Einführung von Standardsoftware hat der Begriff „Outsourcing" Einzug in die IT-Organisationen der Unternehmen erhalten. Vor allem zum Einsparen von Kosten werden vermehrt IT-Leistungen von externen Partnern bezogen, die sich auf diese Leistungen spezialisieren (vgl. Brenner/Witte 2007, 55).

Abbildung 6 veranschaulicht, dass viele der befragten Unternehmen bereits einen großen Anteil der IT-Leistungen von externen Partnern beziehen. Aus

Abbildung 4 geht hervor, dass die Bedeutung der „Koordination mit externen Partnern" noch deutlich zunehmen wird. Es ist daher davon auszugehen, dass der Bezug von externen IT-Leistungen weiterhin kontinuierlich steigt.

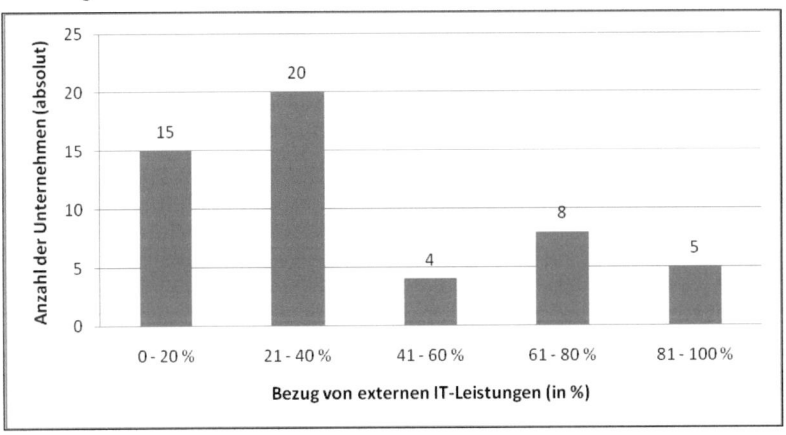

Abbildung 6: Anteil der extern bezogenen IT-Leistungen der befragten Unternehmen

Für den CIO bedeutet dieser Wandel in Zukunft vermehrt über „make or buy" zu entscheiden. Er muss sich darüber bewusst werden, welche Leistungen der Massenware zuzurechnen sind und daher extern bezogen werden können. IT-Leistungen, die als Kernkompetenz des Unternehmens gelten und die IT als Wettbewerbsfaktor der Geschäftsstrategie vorantreiben, sollten eher der „make"-Seite zugeordnet werden. Grund dafür, dieses IT-Kernwissen innerhalb des Unternehmens zu behalten, ist, dass kein externer Dienstleister in der Lage ist die IT-Strategie weiterzuentwickeln (vgl. Heinrich/Lehner 2005, 43).

Die Umfrage „The State of the CIO'06" des CIO Magazine ermittelte die meist outgesourcten Prozesse und Dienstleistungen der IT-Organisationen von 545 Unternehmen. Dreiviertel der Befragten gaben an die Entwicklung, die Wartung und den Support von Anwendungssystemen an externe Unternehmen zu übergeben. Auf Platz zwei wurde mit einem Drittel das Auslagern von Anwendungen, Daten und Webseiten angegeben. Noch ein Viertel der Befragten nannte das Verbindungsmanagement des internen Netzwerks (vgl. Prewitt/ Ware 2007, 6). Der CIO muss für die individuellen Anforderungen der Unternehmensstrategie an die IT differenzieren, welche IT-Leistungen Massenware sind und welche eigenständig erstellt werden sollten (vgl. Brenner/Witte 2007, 38).

Kommt es zu einer „buy"-Entscheidung, steht der CIO in der Pflicht einen geeigneten Partner für das Unternehmen zu finden. Neben den Kosten spielt hierbei auch die Glaubwürdigkeit für den Schutz eventueller unternehmensinterner Daten eine Rolle. Bei Vertragsverhandlungen müssen hier, wie auf dem unternehmensinternen Markt, SLAs die Rahmenbedingungen der IT-Leistungen für die spätere Überprüfung und Abrechnung regeln.

## 4.5 Einführung neuer Software/Hardware

Für die befragten CIOs spielt die Einführung von innovativer IKT in der Zukunft eine weniger bedeutende Rolle als die vorherigen Herausforderungen. Die Behandlung der Thesen von Nicholas Carr aus Abschnitt 2.5.1 haben jedoch gezeigt, dass nur durch die schnelle Implementierung neuer effizienter Hard- und Software Wertbeiträge mittels IT geschaffen werden können.

Die Aufgabe des CIO besteht darin, diese „Changeprozesse im Unternehmen erfolgreich zu managen, Innovationen zu initiieren und umzusetzen, und dabei den Nutzen für das eigene Business in den Vordergrund zu stellen" (Ghezzo 2008, 1). Durch bspw. den Einzug von Personal Computern oder Netzwerken in die Unternehmen, hat die IKT Standards geschaffen, die heutzutage nicht mehr wegzudenken sind.

Die Beispiele für mögliche zukünftige Technologien, die die IT-Infrastrukturen revolutionieren werden, sind weitreichend. Serviceorientierte Architekturen könnten Anwendungslandschaften, durch das Integrieren vieler unterschiedlicher Hersteller, deutlich „bunter" gestalten.

Technologien wie mobile Anwendungen und Voice-over-IP werden die Untersuchung im Fachbereich neu gestalten und RFID (Radio Frequency Identification) könnte zu einem bedeutenden Lösungsansatz zukünftiger Logistikprobleme werden. Alle diese Technologien sind bereits bis zu einem gewissen Grad technisch ausgereift und könnten implementiert werden. Der CIO muss dafür sorgen ihre Potenziale zu erkennen, um diese dann für Geschäftsprozesse, Produkte oder gar neue Geschäftsmodelle zu nutzen (vgl. Brenner/Witte 2007, 53-55).

## 5 Erfolgsfaktoren und Anforderungen an den CIO der Zukunft

Das vorliegende Kapitel betrachtet den Weg eines CIO von der Ausbildung bis zum Platz im Kreise des Vorstandes. Im Fokus stehen dabei Kernkompetenzen, die er auf seinem Weg erlangen muss, um den Anforderungen an die Position zu genügen. Des Weiteren wird sein Verhalten innerhalb des Unternehmens beleuchtet, das ihn als strategisch ausgerichtete Führungskraft erfolgreich dastehen lässt.

Alle Fakten, Darstellungen und Daten, die sich nicht explizit auf extern durchgeführte Studien beziehen, sind Ergebnisse der durchgeführten Umfrage (siehe Kapitel 3). Die detaillierte Datenauswertung der einzelnen Fragen befindet sich im Anhang ab Seite 46.

Das Kapitel ist in drei Abschnitte untergliedert. Im Ersten werden Kompetenzen beschrieben, die sich der CIO innerhalb seiner Karriere aneignen sollte. Eine Analyse von möglichen Karrierewegen zeigt darüber hinaus erfolgversprechende Wege auf. Der zweite Abschnitt befasst sich mit dem Managementprozess innerhalb des Unternehmens. Es wird betrachtet welches Verhalten und welches Wissen erfolgreiche CIOs auszeichnet. Abschnitt 5.3 betrachtet unternehmerische Merkmale auf die der CIO selbst keinen Einfluss hat. Sie verdeutlichen jedoch, welche Faktoren die organisatorische Positionierung des CIO beeinflussen.

Abbildung 7 zeigt, welche Kernkompetenzen die Umfrage als Bedeutendste für erfolgreiche IT-Leiter hervorgebracht hat. Im Verlauf dieses Kapitels wird immer wieder auf diese Ergebnisse zurückgegriffen.

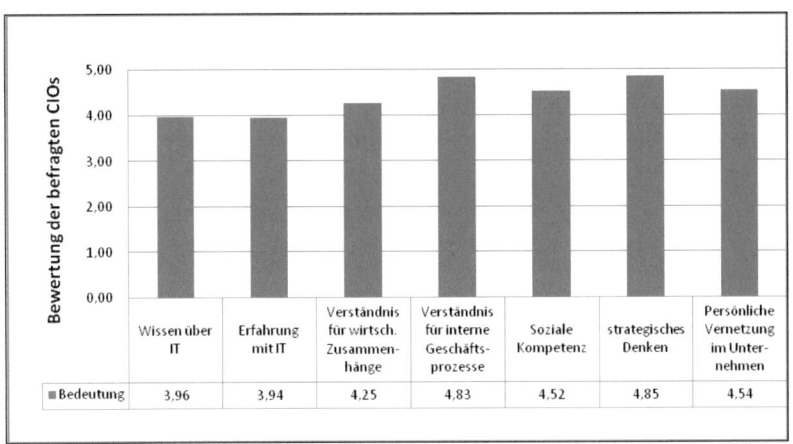

| ■Bedeutung | Wissen über IT | Erfahrung mit IT | Verständnis für wirtsch. Zusammen- hänge | Verständnis für interne Geschäfts- prozesse | Soziale Kompetenz | strategisches Denken | Persönliche Vernetzung im Unter- nehmen |
|---|---|---|---|---|---|---|---|
| | 3,96 | 3,94 | 4,25 | 4,83 | 4,52 | 4,85 | 4,54 |

Abbildung 7: Bedeutung unterschiedlicher Fähigkeiten für die befragten CIOs

## 5.1 Persönliche Merkmale

Unter den persönlichen Merkmalen werden in dieser Untersuchung Erfolgsfaktoren verstanden, die das persönliche Profil des CIO prägen. Sie werden bereits auf dem Karriereweg erlangt und dienen somit zu einem erfolgreichen Einstieg in die Position des IT-Leiters.

Das Kapitel beginnt zunächst mit einer Analyse unterschiedlicher Werdegänge. Es wird untersucht, welches Wissen und welche Erfahrungen an welchen Karrierestationen gesammelt werden sollten. Im Anschluss folgt eine Erklärung, weshalb insbesondere IT-Basiskenntnisse und das Wissen über allgemeine wirtschaftliche Zusammenhänge unabdingbar sind.

### 5.1.1 Karrierepfade

Das vorliegende Kapitel befasst sich als Einziges nicht mit Prozessen und Tätigkeitsfeldern des CIO die sich innerhalb des Unternehmens abspielen. Es betrachtet die persönlichen Werdegänge, die dazu führen, die Position als CIO zu erlangen. Es wird versucht aus diesen Karrierepfaden bestimmte Muster der Ausbildung und Karrierestationen zu erkennen. Diese Muster führen zu Rückschlüssen, welche Pfade erfolgversprechender sind als andere.

Den befragten CIOs wurden, im Rahmen der durchgeführten Befragung, Fragen bzgl. ihres persönlichen Werdegangs gestellt. Im Folgenden wer-

24

den die Ergebnisse ausgewertet. Die Fragen umfassten neben der Ausbildungsrichtung unter anderem wichtige Stationen ihrer Karrieren.

Abbildung 8 zeigt die Altersverteilung der teilgenommenen CIOs. Der durchschnittliche CIO, der befragten Unternehmen, ist demnach in etwa Mitte 40 Jahre.

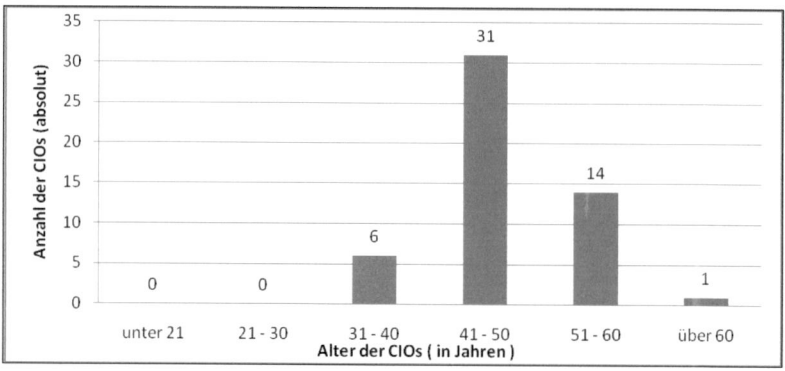

Abbildung 8: Altersverteilung der befragten CIOs

Ergebnisse einer anderen Studie zeigen, dass sich die CIOs der deutschen Dax-Unternehmen in den letzten Jahren stark verjüngt haben. Ein Großteil ist zwischen Ende 30 und Anfang 40 (vgl. Stroisch 2007, 1). Eine Tatsache, die sich jedoch trotz der immer jünger werdenden CIOs nicht verändert hat, ist der Umstand, dass zunächst viele niedrigere Positionen durchlaufen werden müssen, bevor diese Position erreicht werden kann. Im folgenden Abschnitt wird auf einige dieser wichtigen Karrierestationen näher eingegangen.

### 5.1.1.1 Wichtige Meilensteine

Den ersten Grundstein auf dem Weg zum CIO legt dessen Ausbildung. Der Großteil der befragten CIOs gab an, ein Studium durchlaufen zu haben. Die Fachrichtungen reichten von einem technischen Studium der „Elektrotechnik" zu einem wirtschaftlichen Studium der „Betriebswirtschaftslehre (BWL)". Die Frage, wie sie ihre Ausbildung beschreiben würden, spiegelt dieses differenzierte Bild der unterschiedlichen Fachrichtungen wider. Eine leichte Tendenz zu einer eher technikorientierten Ausbildung ist der

Abbildung 9 zu entnehmen.

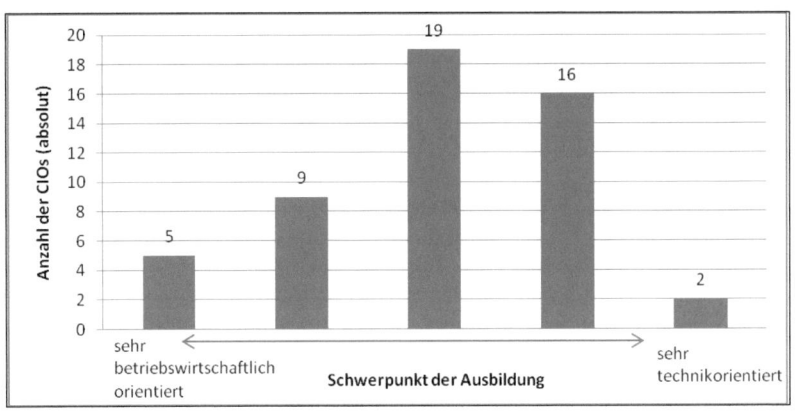

Abbildung 9: Schwerpunkt der Ausbildung der befragten CIOs

Eine Untersuchung des „cioforum" hat ergeben, dass durch die neue Rolle des CIO als strategischer Gestalter auch dessen Ausbildung im Umbruch sei. Heutige IT-Leiter, die historisch bedingt die IT zunächst nur als unterstützende Funktion erlebt haben, weisen oftmals ein Studium der Informatik oder Physik auf (vgl. Stroisch 2007, 1). Sie sehen nicht den Geschäftserfolg, der mit IT unbestritten möglich ist und können diesen daher auch nicht kommunizieren. Das Fehlen der notwendigen Abstimmung zwischen der IT und den Geschäftsbereichen führt dazu, dass viele Unternehmen den Wettbewerbsfaktor „Information" nicht effizient genug nutzen können. Um diese Verbindung zwischen IT und anderen Unternehmensbereichen herzustellen, rät Helmut Krcmar, Professor der Wirtschaftsinformatik an der TU München, zukünftigen Informationsmanagern ein eher betriebswirtschaftliches Studium mit einem Master of Business Administration (MBA) und einem zusätzlichen Fokus auf eine informationstechnologische Ausbildung (vgl. Stroisch 2007, 1). August-Wilhelm Scheer, ehemaliger Wirtschaftsinformatikprofessor der Universität Saarbrücken, behauptet, dass Wirtschaftsinformatik das richtige Studium für einen künftigen CIO sei. Trotz allem Wissen über Geschäftsprozesse für strategische Entscheidungen, benötigt der CIO weiterhin Kenntnisse über Basistechnologien (vgl. Sarsam 2005, 2).

Die durchgeführte Umfrage bestätigt die Aussagen beider. So haben 45,3% ein Studium der Wirtschaftswissenschaften durchlaufen (31% BWL / 14,3% Wirtschaftsinformatik). Auch die These, der bestehenden Generation technikorientierter CIOs, wurde durch die Befragung belegt. 42,9% gaben an einen dieser Studiengänge absolviert zu haben (unter anderem 19% Physik/Mathe / 11,9% Elektrotechnik).

Es zeigt sich, dass die Tendenz von Studiengängen zukünftiger CIOs sich in Richtung eines betriebswirtschaftlichen Studiums mit Fokus auf die Informationstechnologie entwickeln wird. Darüber hinaus wird zu einem Studium mit Managementbezug geraten, um die nötigen Führungskompetenzen zu erlernen (siehe Kapitel 5.2.4) (vgl. Schweizer 2008, 4).

Ein weiterer Meilenstein im Werdegang eines IT-Leiters sind deren erste Berufsjahre in der Praxis. 51% der Befragten gaben an, ihre Karriere in einer IT-Abteilung begonnen zu haben. Trotz dem Ratschlag vieler Experten, zunächst die wichtigen wirtschaftlichen Erfahrungen im Fachbereich zu sammeln, haben dies nur 21,6% getan. Ein auffällig großer Teil absolvierte seine ersten Jahre in der Unternehmensberatung (15,7%). Die Wichtigkeit, praktische Erfahrungen in technischen als auch wirtschaftlichen Bereichen zu sammeln, wird im folgenden Abschnitt verdeutlicht.

### 5.1.1.2 Mögliche Werdegänge

Dieser Abschnitt betrachtet, im Gegensatz zu dem vorherigen, nicht nur bestimmte Eckpunkte einer Karriere sondern den Werdegang zum IT-Leiter als Ganzes. Neben den direkten Fragen zu wichtigen Daten ihrer Karrieren, zielte eine offene Frage auf die individuellen Karrierewege ab. 40 der 52 teilnehmenden CIOs gaben in Stichworten ihre persönlichen Ausbildungs- und Karrierestationen an. Die Auswertung dieser ergab unterschiedliche Muster, die sich jedoch kategorisieren lassen. Um zunächst einen Überblick über die verschiedenen Karrieren zu bekommen, zeigt

Abbildung 10 den Schwerpunkt ihrer Werdegänge. Sie ist Antwort auf die Frage, „In welchen Bereichen die CIOs bis zum gegenwärtigen Zeitpunkt mehrheitlich untersucht haben". Die Tendenz zur Technik ist ähnlich ausgeprägt wie die ihrer Studiengänge (siehe

Abbildung 9).

Eine Studie des CIO Executive Research Center bestätigt diese Erkenntnisse. 74% der deutschen CIOs haben immer noch einen eher IT-technischen Hintergrund (vgl. Kirchmann 2004, 5).

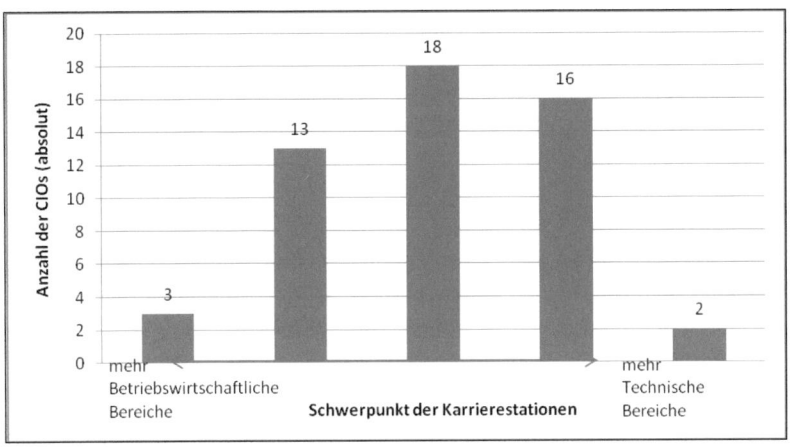

Abbildung 10: Schwerpunkt des Werdegangs der befragten CIOs

60% der befragten CIOs durchliefen eine Karriere, die Walter Brenner, Professor der Universität St. Gallen (Schweiz), als „Schornsteinkarriere" (Brenner/Witte 2007, 147) bezeichnet. Es ist das schrittweise Aufsteigen der Karriereleiter gemeint, indem nur in einem Bereich empor geklettert wird. 42,5% blieben nach einem Einstieg in die IT-Abteilung in technisch orientierten Bereichen, bevor sie zum CIO ernannt wurden. Die übrigen 17,5% durchliefen eine rein betriebswirtschaftliche Laufbahn bevor sie diese gegen die Position des IT-Leiters eintauschen konnten. Schon der vorherige Abschnitt deutete daraufhin, dass viele IT-Leiter, bedingt durch ihre Ausbildung und erste Praxiserfahrung, den Schwerpunkt ihrer Karriere auf eine der beiden Seiten legen.

Für zukunftsorientierte CIOs rät Brenner von solchen Schornsteinkarrieren ab. Diese müssten neben einem Verständnis der IKT noch über gute Erfahrungen auf der Fachbereichsseite verfügen. Ohne einschlägige Geschäfts- und Ergebnisverantwortung auf beiden Seiten sei dies nicht zu erreichen (vgl. Brenner/Witte 2007, 147). 40% der Befragten durchliefen einen solchen gemischten Werdegang, der sie zwischen Business und IT wechseln ließ. Ein großer Anteil der befragten CIOs sammelte zudem Managementerfahrung als Berater der Geschäftsleitung oder extern innerhalb eines Beratungsunternehmens. Wiederum andere gaben an, sich parallel zu ihrer IT-Laufbahn betriebswirtschaftliche Kenntnisse durch Seminare angeeignet zu haben.

Der Gartner Analyst Roger Fulton stellt 2007 in einem Interview mit der Computerzeitung weitere Erkenntnisse über erfolgreiche Karrierepfade von CIOs vor. Forschungen zufolge werden sich „die Karrierewege in der IT in nächster Zeit stark wandeln. IT-Mituntersucher sollten ihre Karriere nicht als IT-Karriere planen, sondern als Business-Karriere mit Fokus auf IT" (Reiter 2007, 2). Er argumentiert mit der immer größer werdenden Bedeutung des Wettbewerbsfaktors Information. Der Fokus sollte nicht auf der reinen Innovation durch neue IT liegen, sondern auf der strategischen Gestaltung der Geschäftsprozesse mittels IT.

Ein weiteres Ergebnis der Gartner Studie ist, dass ein solch „neuer CIO", ohne IT-Hintergrund, im Unternehmen besser angesehen ist, als sein technisches Pendant. Grund dafür ist die gute Kommunikation mit den Fachbereichen, ohne die oft missverständliche IT-Sprache (vgl. Reiter 2007, 3).

Die Auswertung der Werdegänge hat gezeigt, dass der Weg zum CIO in allen betrachteten Fällen über ein einschlägiges Universitätsstudium sowie eine mehrjährige praktische Erfahrung geht. Auch Heinrich und Lehner kamen zu dem Ergebnis, dass „die erforderlichen Kenntnisse, Fähigkeiten und Fertigkeiten weder durch ein Universitätsstudium, noch durch praktische Tätigkeiten allein erworben werden können" (Heinrich/Lehner 2005, 42).

Warum gerade die gesammelten Erfahrungen für das zukünftige Unternehmen von großer Bedeutung sind, bringt Dietrich auf den Punkt. „Ein erfolgreicher CIO muss so viel praktische Erfahrung mitbringen, dass er zielsicher Wege zum Erfolg für sein Unternehmen aufzeigen kann. Nur dann wird er Akzeptanz und Vertrauen schaffen, die er benötigt, damit man ihm folgt" (Dietrich 2004, 53).

### 5.1.2 Wirtschaftliche Kenntnisse/Geschäftssinn

Dieser Abschnitt verdeutlicht die Wichtigkeit von wirtschaftlichen Kenntnissen, die durch die Ausbildung und praktischen Erfahrungen im Werdegang erlangt werden. Für den CIO geht es nicht darum sich Detailwissen anzueignen, sondern gesamtwirtschaftliche Zusammenhänge zu verstehen (vgl. Kirchmann 2004, 6). Nur so ist es dem CIO später möglich, sich in andere Führungskräfte hineinzuversetzen und den wirtschaftlichen Nutzen von IT-Entscheidungen effizient zu kommunizieren. Er muss verstehen, wie Unternehmen wirtschaften, um mit seiner Tätigkeit am Geschäftserfolg mitwirken zu können. Im Gegensatz zu IT-Wissen kann wirtschaftliches Wissen jedoch nicht einfach angelesen und angewendet werden. Es ist ein Prozess der auf einer langjährigen Karriere beruht, die durch viel praktische Erfahrung geprägt ist (siehe Kapitel 5.1.1.2). Ziel ist die Aneignung eines sogenannten Geschäftssinns.

Unter Geschäftssinn versteht das „U.S. Office of Personal Management" die „Fähigkeit personelle, finanzielle und informelle Ressourcen strategisch zu managen" (U.S. Office of personnel management 2008, 3). Der CIO benötigt diese Fähigkeit mehr als jeder andere Manager, da IT die gesamte Wertschöpfungskette unterstützt und er somit in allen Bereichen des Unternehmens operiert. Nur wenn er die wirtschaftlichen Auswirkungen seiner Entscheidungen präzise vorhersagen kann, kann er auch das IT-Budget effizient einsetzen (vgl. Schubert 2004, 66).

Die Entwicklung der IT zum strategischen Wettbewerbsfaktor hat letztendlich dazu geführt, dass das wirtschaftliche Verständnis des CIO zu einem immer wichtigeren Erfolgsfaktor geworden ist. Auch die Datenauswertung der Umfrage hat ergeben, dass „das Verständnis für allgemeine wirtschaftliche Zusammenhänge" bedeutender einzuschätzen ist, als das Wissen und die Erfahrung über IT, welche im folgenden Abschnitt betrachtet werden.

### 5.1.3 IT-Kernkompetenzen

Wie die Untersuchung der Karrierepfade hervorgebracht hat, haben viele der befragten CIOs eine sehr technikorientierte Ausbildung durchlaufen. Das „Wissen über Informationstechnologie" wurde jedoch in der durchgeführten Umfrage zur unbedeutendsten Fähigkeit für CIOs gewählt.

Laut Peter Sany, CIO der Deutschen Telekom, muss ein CIO lediglich ein sehr gutes Verständnis für technische Zusammenhänge mitbringen. Ab der mittleren Führungs-ebene ist das im vorherigen Abschnitt vorgestellte Verständnis des Business von weit höherer Wichtigkeit als spezifisches IT-Wissen (vgl. Brenner 2007, 105). Auch eine Umfrage des CIO Magazine aus dem Jahre 2006 bestätigt Sanys Aussage. Nur 12% der 500 teilnehmenden CIOs hielten eine „technische Fertigkeit" zentral für den persönlichen Erfolg in ihren Unternehmen (vgl. Prewitt/Ware 2007, 8). Aus diesem Grund müssen sich viele CIOs heutzutage eingestehen, weniger von Technik zu verstehen als ihre Mituntersucher auf einem tieferen Level in der IT-Organisation (vgl. Laplante 2005, 6). Ein fundamentales Wissen über IT ist für den CIO jedoch trotzdem unabdingbar. Ohne dieses ist es unmöglich, die Konsequenzen von bevorstehenden Entscheidungen zu beurteilen.

Auch im sozialen Kontakt mit Kollegen sind diese Fertigkeiten von Bedeutung. Kollegen auf allen Hierarchieebenen erwarten von ihm einen zumeist umfangreichen technischen Hintergrund, um als Ratgeber zu agieren. Der Art der Artikulation kommt hierbei eine gesonderte Rolle zu. Bei technischen Gesprächen muss ein erfolgreicher CIO die Fähigkeit haben, sich an das Niveau des Gesprächspartners anzupassen. Im Gegensatz zu einem Mituntersucher aus der IT-Fachabteilung hat ein geschäftsorientierter Mituntersucher keinen Bezug zu technischen Fachbegriffen (vgl. Schubert 2004, 66-68).

Schubert schlägt folgendes fundamentales Basiswissen für den CIO vor (vgl. Schubert 2004, 69):

- Wissen über Computerarchitektur, -implementierung und –hersteller.
- Wissen über Netzwerkarchitektur, -implementierung und –hersteller.
- Wissen über Anwendungslösungsentwurf, -implementierung und –hersteller.
- Wissen über Outsourcing und Insourcing.
- Entwurf, Implementierung und Hersteller von Help Desks und Problem Management.
- Technische Sachverhalte einfach erklären können.

Neben diesen Mindestanforderungen an technischem Know-how, welches Mituntersucher erwarten, sollte sich jeder CIO abhängig von seinem Unternehmen weiterführende Fertigkeiten aneignen.

## 5.2 Kernkompetenzen im Managementprozess

Dieser Teil der Untersuchung analysiert den CIO im Management des Unternehmens. Seine Verhaltensweisen als Leiter der IT-Abteilung und als strategisch ausgerichtete Führungskraft mit Ambitionen zur Vorstandsebene.

DeLisi bringt die Anforderungen eines Unternehmens an einen optimalen CIO in einem Interview mit Kwak auf den Punkt: „Der ideale CIO muss ein Händler, ein Stratege, ein Technologe und eine Führungskraft in einer Person sein" (Kwak 2001, 16).

In diesem Kapitel werden all diese Fähigkeiten betrachtet.

Abbildung 11 stellt den Verlauf des Kapitels grafisch dar. Die ersten beiden Abschnitte verdeutlichen, warum es für einen CIO unabdingbar ist, sein Unternehmen von der externen Situation (siehe 5.2.1) des Umfelds bis zur detaillierten Sichtweise auf einzelne Geschäftsprozesse (siehe 5.2.2) zu kennen. Abschnitt 5.2.3 beschreibt die Wichtigkeit der internen Positionierung zur Businessseite. Daraufhin folgen Führungsaufgaben, die der CIO als Leiter der IT-Organisation (siehe 5.2.4) zu bewältigen hat. 5.2.5 analysiert die Bedeutung der innerbetrieblichen Vernetzung zu anderen Führungspersönlichkeiten. Abschließend folgt die Darstellung der Wichtigkeit der IT-Strategieentwicklung auf Grundlage einer Vision und deren Zusammenhang zu den vorherigen Abschnitten. Nur wenn die eigene IT-Organisation das Vorhaben der IT-Strategieentwicklung unterstützt und im Vorstand das nötige Vertrauen vorhanden ist, kann die Geschäftsstrategie effizient unterstützt werden.

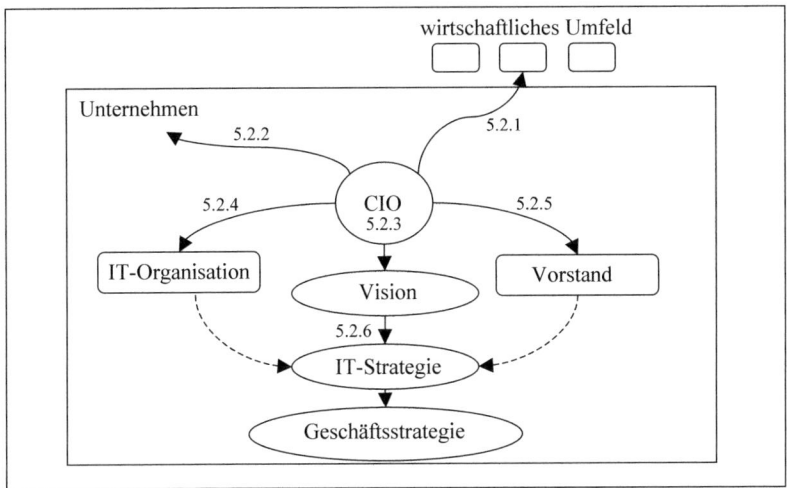

Abbildung 11: Der Managementprozess des CIO (eigene Darstellung

Alle diese Tätigkeiten des „neuen CIO" haben zusammengefasst ein Ziel: Die Differenz zwischen Geschäft und Technologie zu überbrücken, um mittels IT die Geschäftsstrategie optimal zu unterstützen (vgl. Broadbent/Kitzis 2005, 81).

### 5.2.1 Wirtschaftssituation und Umfeld des Unternehmens kennen

Bevor ein CIO sich Gedanken über die effiziente Verbesserung von internen Geschäftsprozessen machen kann, muss er zunächst verstehen, wie das Umfeld des Unternehmens agiert und reagiert. Zu den Faktoren gehören hierbei sowohl die Industrie, in der sich das Unternehmen befindet, als auch die Konkurrenzsituation.

Jede Industrie charakterisiert sich durch bestimmte Zyklen und Saisonbedingtheiten. Diese zu kennen bedeutet für den CIO insbesondere in Gesprächen und Verhandlungen mit der Unternehmensführung einen Vorteil. Themen wie große Umstrukturierungen und der Bedarf an finanziellen Mitteln, sollten nicht in Zeiten angesprochen werden, in denen sich das Unternehmen, deren Industrie oder die Gesamtwirtschaft bestimmten Gefahren ausgesetzt sieht.

Ein weiterer externer Bereich, der nicht außer Acht gelassen werden darf, ist die Wettbewerbssituation des Unternehmens. Dass innovative Neuentwicklungen, neu erschlossene Märkte oder Änderungen der Kundenbedürfnisse ganze Industrien und damit Geschäftsmodelle verändert haben, zeigt sich nicht nur am Beispiel der Telekommunikationsindustrie. Da CIOs an der gesamten Wertschöpfungskette ihres Unternehmens beteiligt sind, müssen gerade sie diese Trends erkennen, analysieren und beurteilen (vgl. Broadbent/Kitzis 2005, 38-40).

### 5.2.2 Unternehmen und interne Geschäftsprozesse verstehen

Wie für jeden Mituntersucher ist auch für den CIO die detaillierte Kenntnis des eigenen Unternehmens unabdingbar. Grundlage bildet hierbei das Geschäftsmodell. Informationen über bspw. Produkte, Geschäftsfelder und Kunden ermöglichen ihm bereits frühzeitig die Richtung von IT-Investitionen einzuschätzen (vgl. Aalders/Hind 2002, 52-53). Geschäftsfelder mit einer höheren Gewinnerwartung sollten auch von der IT besser unterstützt werden als andere.

Um das Geschäft jedoch wirklich beeinflussen zu können und dadurch eine strategische Position im Unternehmen einzunehmen, muss der IT-Leiter einen tieferen Einblick in die Geschäftsdynamik erreichen. Nur durch eine Geschäftsprozesskompetenz kann er an der Mitgestaltung und Neukonstruktion von internen Abläufen mitwirken (vgl. Brenner/Witte 2007, 140). Diese Fähigkeit verbessert unter anderem die Kooperation und Kommunikation zu den Fachbereichen, welche dazu neigen nur ihre eigenen Teilprozesse zu betrachten. Vor- und nachgelagerte Prozesse finden keine Berücksichtigung (vgl. Dietrich 2004, 58). Durch den Überblick über die gesamte Dynamik des Unternehmens kann der CIO bereichsübergreifende Lösungen rechtfertigen, die die Effizienz des gesamten Geschäfts sicherstellen. In der durchgeführten Umfrage hat sich das „Verständnis für unternehmensinterne Geschäftsprozesse" als eine der wichtigsten Fähigkeiten des CIO herausgestellt (siehe Abbildung 7).

Ein weiterer Bereich, über den der CIO sich nach Antritt seiner Position informieren sollte, ist die Organisationsstruktur. Er muss die Bedeutungen unterschiedlicher Personen und der wirklichen Machtstruktur im Unternehmen identifizieren (vgl. Aalders/Hind 2002, 57). Dies erleichtert den Aufbau eines Netzwerks von wichtigen Stakeholdern, die ihm bei wichtigen Entscheidungen zur Seite stehen (siehe Kapitel 5.2.5).

### 5.2.3 Positionierung zur Businessseite

Strategisch ausgerichtete IT-Leiter, die das Mitwirken an der Unternehmensstrategie anstreben, müssen sich eindeutig zur Geschäftsseite positionieren, um nicht die Techniker zu bleiben für die sie gehalten werden. Insbesondere im Umgang mit der Businessseite muss eine strikte Business- und Prozessorientierung erkennbar sein. Durch eine deutliche Forderung an Geschäftsentscheidungen teilzuhaben kann dieser Einstellung Nachdruck verliehen werden (vgl. Quack 2006, 30).

Eine weitere Chance die Stellung eindeutig dem Business zuzuwenden, ist in Zeiten von Veränderungen. Durch bspw. Globalisierung oder die Änderung von Kundenwünschen sind Unternehmen häufig gefordert ihre Geschäftsmodelle anzupassen, welches oftmals mit einer Umstrukturierung innerhalb der IT einher geht. Als Mitwirkender dieser Umgestaltungen, haben CIO die einzigartige Möglichkeit sich selbst zu positionieren (vgl. Soat 2008, 30). Sie helfen in dieser Zeit der Geschäftsseite, die zukünftige Unternehmensstrategie zu gestalten. Mit dem effizienten Einsatz innovativer IT, welche einen Vorteil für das Geschäft ermöglicht, können sie ihren Anspruch auf die Position einer Führungskraft bekräftigen.

### 5.2.4 Führungsaufgaben wahrnehmen

Ein wichtiger Erfolgsfaktor des CIO als Leiter der IT-Organisation ist sein Umgang mit Menschen sowie deren Führung. Neben seinen strategischen Kernkompetenzen zur Unterstützung des Geschäfts ist ein CIO nach wie vor Manager und muss daher eine Vielzahl von Führungskompetenzen aufweisen. Tozer definiert Führungskompetenzen wie folgt: „Das Vermögen und der Wunsch, Mituntersucher auf ein gemeinschaftliches Ziel einzuschwören, an den Tag gelegt von einer Person, deren Charakter Vertrauen einflößt und Zuversicht verbreitet" (Tozer 2002, 311).

In einem ersten Schritt muss die IT-Organisation strukturiert werden. In einem klar definierten Organigramm des IT-Bereichs müssen Zuständigkeiten und Verantwortlichkeiten eindeutig geregelt werden (vgl. Aalders/Hind 2002, 282). Dabei ist auch darauf zu achten, dass die Positionen nur mit den passenden Kompetenzen besetzt werden. Einem Technikexperten ohne Führungsqualitäten sollte keine leitende Position zugesprochen werden. Dieses würde zu Instabilität der Struktur führen, welche sich negativ auf die Ergebnisse auswirkt.

Eine weitere Fähigkeit, die der CIO beherrschen muss, ist die Bildung eines effizienten Teams. Als Manager muss er seine Mituntersucher einstellen, beurteilen, befördern aber auch entlassen. Des Weiteren muss er es schaffen sie zu motivieren und ihre Handlungen vor anderen zu verteidigen (vgl. Laplante/Costello 2005, 6). Aus den genannten Gründen sind umfassende Menschenkenntnisse erforderlich, um ein geeignetes Team mit den richtigen Fähigkeiten zusammenzustellen. Bei der Rekrutierung von Personal dürfen jedoch nicht nur geeignete spezifische IT-Kenntnisse entscheidungsrelevant sein. Auch zwischenmenschliche Kompetenzen sind für die Integration in die IT-Belegschaft von großer Bedeutung. Die Eigenschaft des persönlichen Umgangs mit Mituntersuchern ist auch ein wichtiger Erfolgsfaktor für den CIO selbst. Innerhalb der durchgeführten Umfrage hat sich die Fähigkeit der sozialen Kompetenz als gleichbedeutend mit der Vernetzung zu anderen Führungskräften herausgestellt. Unterstellten Mituntersuchern sollte demnach die gleiche Aufmerksamkeit zukommen wie leitenden Führungskräften aus der Geschäftsführung. Mittels außergewöhnlicher Kommunikationsfähigkeiten muss der CIO es schaffen, die Ziele der IT-Organisation an tiefere Hierarchieebenen zu übermitteln und sie dadurch von diesen zu überzeugen. Er erreicht dies, indem er sich für sie Zeit nimmt, bei Problemen zuhört, Lösungen vorschlägt und Hilfe anbietet. Diese Fähigkeit erfordert eine ausgeprägte emotionale Intelligenz (vgl. Broadbent/Kitzis 2005, 199).

Unabhängig davon wie hoch der CIO in der Unternehmenshierarchie positioniert ist, sollte er nicht seine Führungsaufgaben als Führungsperson außer Acht lassen. Denn letztendlich kann der Leiter der IT-Organisation nur so erfolgreich sein, wie die ihm unterstellte Abteilung.

### 5.2.5 Vernetzung im Unternehmen

Der Erfolg eines CIO hängt maßgeblich von seiner Vernetzung im Unternehmen ab. Neben allen strategischen Fähigkeiten ist das Managen durch eine Vielzahl zwischenmenschlicher Beziehungen geprägt. Auch die Umfrage hat die „persönliche Vernetzung im Unternehmen" als sehr bedeutend hervorgebracht. Der CIO muss ein Netzwerk aus Beziehungen schaffen und pflegen, die einen Einfluss auf seine Tätigkeit haben (vgl. Schubert 2004, 26-27). Dazu gehören sein direkter Vorgesetzter, weitere

Führungskräfte, seine IT-Belegschaft und andere Mituntersucher als Kunden der IT.

Nachdem die Vernetzung zu Mituntersuchern der IT-Organisation bereits im vorherigen Abschnitt beschrieben wurde, analysiert dieser Abschnitt die Beziehungen zu CEO, CFO und weiteren leitenden Angestellten. Im Anschluss folgt eine Untersuchung der möglichen Berichtswege des CIO.

### 5.2.5.1 Beziehungen zu CEO, CFO und anderen Führungskräften

Die Vorgesetzten des IT-Leiters haben den größten Einfluss auf die Durchführung von IT-Projekten, das nötige Budget und sein Fortbestehen im Unternehmen. Damit der CIO effizient an der Geschäftsplanung und Strategieentwicklung mitwirken kann, benötigt er das Vertrauen dieser Personen. Als neues Mitglied der leitenden Führungskräfte muss er jedoch zunächst geprüft werden. Erst nach Erreichung der „vollwertigen Angehörigkeit" wird sein Verantwortungsbereich mit einem gerechtfertigten Budget ausgestattet (vgl. Schubert 2004, 5-7). Den wichtigsten Faktor stellt hierbei die Glaubwürdigkeit der eigenen Person dar. Ohne das nötige Vertrauen wird kein CIO ein unternehmensweites IT-Projekt durchführen und erfolgreich abschließen können. Auch wenn es nahe liegt, dass die dafür benötigte Glaubwürdigkeit vom eigenen Wissen, der angesammelten Erfahrung und dem bestrittenen Karrierepfad abhängt, so hat letztendlich nur der effiziente und erfolgreiche Abschluss eines Projektes einen positiven Einfluss. Effizient meint in diesem Fall ein abgeschlossenes Projekt, welches sowohl termingerecht abgelaufen ist, sich an das Budget gehalten hat und den Geschäftszielen wenigstens eines Vorstandsmitgliedes beiträgt (vgl. Broadbent/Kitzis 2005, 17-20). Abbildung 12 zeigt am Glaubwürdigkeitszyklus nach Broadbent und Kitzis, wie diese sukzessive aufgebaut aber auch wieder verloren werden kann.

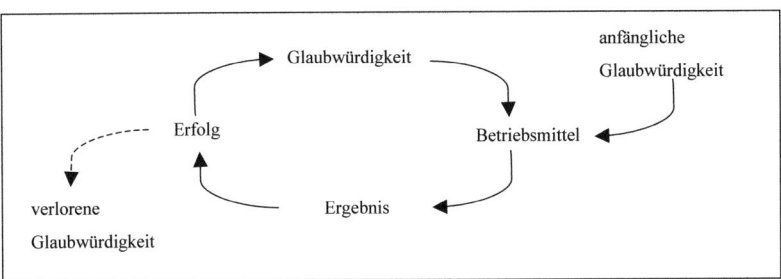

Abbildung 12: Der CIO Glaubwürdigkeitszyklus (Quelle: (vgl. Broadbent/Kitzis 2005, 20))

Hat der CIO seinen ersten Kontakt mit dem Vorstand, erhält er zunächst eine anfängliche Glaubwürdigkeit, die es ihm ermöglicht hat diese Position zu erlangen. Auf Basis dieser erhält der neue CIO Betriebsmittel und die Erlaubnis verschiedene IT-Projekte durchführen zu können. Diese Projekte haben ein Ergebnis, welches – in den Augen der Unternehmensführung – zu einem positiven als auch negativen Erfolg für die Geschäftsziele führen kann, welcher wiederum die Glaubwürdigkeit für die nachfolgenden Projekte beeinflusst. Der Aufbau von Vertrauen ist demnach ein sich immer wiederholender langfristiger Prozess. An Komplexität gewinnt diese Spirale erst, wenn mehrere Parteien mit unterschiedlichen Zielen und Absichten in größere IT-Projekte involviert sind (vgl. Broadbent/Kitzis 2005, 20-21).

Ein weiterer wichtiger Faktor, der dem CIO hilft seine internen Beziehungen zu verbessern, ist die Fähigkeit, Einfluss auf andere Menschen auszuüben. Enns und Huff untersuchten im Jahre 2000 den empirischen Zusammenhang zwischen dem Einfluss des CIO auf andere Führungskräfte und der Durchführung von IT-Projekten. Es stellte sich heraus, dass erfolgreiche CIOs ein ausgeprägtes Verständnis für die effiziente Beeinflussung anderer Menschen besitzen (vgl. Enns/Huff 2000, 5). Ein erfolgversprechendes Verhalten ist dabei z.B. eine rationale Überzeugungskraft kombiniert mit einem hartnäckigen Auftreten durch das wiederholte Aufzeigen von der Effektivität des Vorhabens.

Dieser Abschnitt hat gezeigt, dass ein CIO seine Vernetzung im Unternehmen und damit auf lange Sicht, seine Position selber beeinflussen kann. Ihm sei geraten außergewöhnliche soziale Kompetenzen zu entwickeln, um nicht nur durch strategische Fähigkeiten die Stakeholder von seiner Untersuchung zu überzeugen.

### 5.1.5.2 Berichtswesen

Ein wichtiger Indikator für die Stellung des CIO innerhalb des Unternehmens ist sein Berichtsweg. Gemeint ist die hierarchische Zuordnung, in der der IT-Leiter einer Führungsperson in bestimmten Zeitabständen Ergebnisse präsentiert. Es kann davon ausgegangen werden, dass die Position dieser Person positiv mit der Wichtigkeit des Wettbewerbsfaktors Information und der Eingliederung des CIO in die Unternehmensstruktur korreliert.

In einer Umfrage der Diebold Research Group, aus dem Jahre 1984, stellte sich heraus, dass 1979 5% der Informationsmanager direkt an den Vorstandsvorsitzenden berichteten. 5 Jahre später, mit dem ersten Auftreten des Akronym CIO (siehe Kapitel 2.2), waren es bereits ein gutes Drittel (vgl. Synnott 1987, 21). Durch den zunehmenden Einfluss der IT setzte sich dieser Trend in den darauf folgenden Jahren fort, welches sich an Studien belegen lässt (siehe Abbildung 13).

| Hierar-chische Zuord-nung | Apple-ga-te/Ela m (1992) | CSC (1996 ) | Gott-schalk (1999) | Gott-schalk (2000) | Pre-witt (2002 ) | Lisch ka (2002 ) | Alter (200 3) |
|---|---|---|---|---|---|---|---|
| Berichtet zum CEO | 27% | 43% | 48% | 44% | 51% | 54% | 62% |
| Berichtet zum CFO | 44% | 32% | 21% | 23% | 11% | 22% | 16% |
| Andere | 29% | 25% | 31% | 33% | 38% | 24% | 22% |

Abbildung 13: Hierarchische Zuordnung (Quelle: In Anlehnung an (Daum et al. 2004, 6))

Die Ergebnisse der verschiedenen Untersuchungen über deutsche Unternehmen zeigen, dass der Trend des Berichtsweges vom CFO hin zum CEO geht. Mit dem anfänglich großen Einfluss der IT auf das Rechnungswesen ist die Zuordnung zum CFO historisch bedingt.

CIOs, welche noch nicht direkt an den CEO berichten, sollten versuchen mit den in diesem Kapitel beschriebenen Erfolgsfaktoren und Verhaltensweisen ihre Position zu verbessern. Sei es durch die persönliche Beziehung zum CEO, das Aufbauen von Glaubwürdigkeit und Erwartung in die IT als starken Wettbewerbsfaktor oder das Vertrauen in die eigene Person, durch die Entwicklung einer Vision. Denn letztendlich bedeutet der direkte Berichtsweg zum CEO einen weiteren Schritt in Richtung Vorstand, in dem er den größten Einfluss auf die strategische Gestaltung seines Unternehmens bewirken kann (vgl. Broadbent/Kitzis 2005, 15).

### 5.2.6 Vision in IT-Strategie umsetzen

Die vorherigen Abschnitte haben die grundlegenden Merkmale eines erfolgreichen CIO beschrieben. Durch umfangreiche Kenntnisse über das Business und erfolgreiche Projekte wird mittels Vertrauen ein großes Netzwerk an Partnern innerhalb des Unternehmens geschaffen. Des Weiteren muss ein CIO seine Aufgaben als Manager wahrnehmen, indem er eine funktionierende IT-Organisation aufbaut und deren Mituntersucher führt. Die Position eines IT-Leiters festigt sich jedoch erst dann, wenn er die Geschäftsstrategie optimal unterstützt. Dieses Kapitel betrachtet insbesondere die ersten wichtigen Schritte neuer CIOs und derjenigen, die einen Umbruch in der IT-Strategie gestalten.

Für die befragten CIOs ist „strategisches Denken" die bedeutendste Fähigkeit erfolgreicher IT-Leiter und die wichtigste Eigenschaft für eine effektive und effiziente IT-Strategieentwicklung. Als Fundament sollte der CIO eine eigene Vision entwerfen, in welcher er festhält, wie IT das Unternehmen in der Zukunft verbessern oder gar verändern kann (vgl. Broadbent/Kitzis 2005, 67). Diese strategische Leistung erfordert einen ausgeprägten Geschäftssinn (siehe Kapitel 5.1.2), um festzustellen, welches die besten Maßnahmen für das Geschäft sind. Sie dient als Orientierung dafür, wohin sich die IT entwickeln wird. Im Fokus müssen die tatsächlichen Anforderungen des Unternehmens stehen, die aus der Geschäftsstrategie abgeleitet werden. Schein entwickelte 1988 einige erfolgversprechende IT-Visionen an denen sich heutige CIOs orientieren können (vgl. Feeny et al. 1992, 441):

1. IT ersetzt teure und unzuverlässige menschliche Untersuchungskräfte oder erhöht deren Produktivität. IT verspricht Kosteneinsparung, Qualitäts- und Effizienzsteigerung.

2. Mittels IT erlangt das Management einen besseren Überblick über das gesamte Unternehmen um optimale Entscheidungen treffen zu können.

Nachdem der CIO eine Vision für die IT-Organisation entworfen hat, muss er diese im gesamten Unternehmen kommunizieren. Nach Schubert (2004, 96) ist eine Führungskraft eine Person, die sich die Zukunft seiner Organisation vergegenwärtigen kann und daraufhin deren Mituntersucher dazu begeistert an ihrer Erstellung mitzuwirken.

Die Artikulation der Vision sollte die gesamte Belegschaft von der Wichtigkeit der IT überzeugen. Nur durch das Mitwirken aller, die später mit der IT untersuchungen, kann ein optimales Ergebnis erzielt werden. Diese Form der frühzeitigen Informationsverteilung birgt für den CIO jedoch auch Risiken. So können falsche Erwartungen aufkommen, die das Bild auf die IT und ihn als Person bei Nichterfüllen negativ beeinflussen (vgl. Laplante/Costello 2005, 9-10). Der CIO sollte somit nur Perspektiven aufzeigen, von deren Erreichung er überzeugt ist.

In einem weiteren Schritt wird die Vision in eine IT-Strategie umgewandelt. Trotz der Eigenverantwortung des CIO für diese Strategie, sollte die Entwicklung zentral in Verbindung mit dem Vorstand bzw. der Geschäftsführung angesiedelt sein (vgl. Dietrich 2004, 51). Damit ist gewährleistet, dass die unternehmensweite IT- und Unternehmensstrategie aufeinander abgestimmt werden. Bei dieser Abstimmung kann sich auch die Unternehmensstrategie grundlegend ändern. 88,5% der teilnehmenden CIOs gaben an, dass die IT eine große bis sehr große Rolle bei der Umsetzung der Unternehmensstrategie spielt. Dieses Ergebnis ist ein weiterer Indikator für die große Bedeutung der Ressource „Information" in nahezu allen befragten Unternehmen.

## 5.3 Unternehmerische Merkmale

In diesem Abschnitt werden Faktoren betrachtet, die nicht im Ermessen des CIO liegen. Merkmale wie Branche, Unternehmensgröße und Einstellung der Unternehmensführung zur IT, bedingt durch Tradition und Durchschnittsalter des Vorstandes, können nicht durch Verhalten oder Eigenschaften des CIO verändert werden. Da jedoch die Entscheidung für ein Unternehmen eine wichtige Determinante seines Werdegangs ist, werden diese Faktoren im Folgenden aufgezeigt.

Als Erfolgsfaktor für den CIO wird seine personelle Verankerung im Organigramm gesehen. Diese ist maßgebend dafür, wie viel Macht und somit Einflussnahme er auf unternehmerische Entscheidungen und Abläufe nehmen kann. Um dieses zu unterstützen wird darüber hinaus der Beitrag der IT zum Geschäftserfolg betrachtet, da „eine hohe strategische Bedeutung der IT mit einer personellen Verankerung der IT auf höchster Managementebene einhergehen sollte" (vgl. Riedl/Roithmayr 2008, 111).

### 5.3.1 Einstellung der Vorstandsmitglieder zur IT

Der Vorstand als Repräsentant der höchsten Unternehmensebene hat die Verantwortung über alle unternehmerischen Aktivitäten. Nur mit seiner Unterstützung, durch Budgets und Vertrauen, kann die IT im Unternehmen etabliert werden.

Eine Studie von Huff und Anderen aus dem Jahre 2006 stellte fest, dass in vielen Vorständen ein „IT-Aufmerksamkeitsdefizit" herrscht. Sie haben ein unzureichendes Verständnis für Begriffe wie: der IT-Vision, einer effizienten IT-Strategie oder der IT als Wettbewerbsfaktor. Zurückzuführen ist dieses Defizit auf die mangelnde Erfahrung der Vorstandsmitglieder mit der IT. Diese durchliefen ihre Karriere oftmals in einer Zeit, in der IT noch nicht die heutige Bedeutung hatte (vgl. Huff et al. 2006, 55).

Um dieses Defizit zu reduzieren und die Chancen der IT zu nutzen, werden dem Vorstand folgende Verhaltensweisen vorgeschlagen:

- IT vermehrt auf die Tagesordnung setzten.
- Den CIO zu Vorstandssitzungen einladen.
- Kurzdarstellungen des CIO verlangen.
- Den Vorstand um IT-Erfahrung ergänzen.
- Mit Führungskräften über IT diskutieren.
- Einsehen, dass das Unternehmen in einer IT-Ära operiert.

(vgl. Huff et al. 2006, 62-64). Ein solches Verhalten würde neben einem effizienteren Umgang mit den Potenzialen der IT die Position des CIO stärken.

### 5.3.2 Unternehmensgröße

Die verbreitetste Art die Unternehmensgröße zu operationalisieren ist mittels der Indikatoren Anzahl Mituntersucher, Jahresumsatz und Marktkapitalisierung (vgl. von den Eichen et al. 2004, 122). „Als Ergebnis der Tätigkeit des Informationsmanagers basiert das Unternehmen auf einem Netz kleiner, miteinander kommunizierender Organisationseinheiten, in denen selbstbestimmende Menschen wirken" (Heinrich/Lehner 2005, 41). Eine Zunahme der Mituntersucheranzahl würde daher zu einem erhöhten Kommunikationsaufwand führen, welcher positiv zur Bedeutung der IT beitragen würde. Diese Überlegung führt zu der Annahme, dass größere Unternehmen die IT-Funktion eher im Vorstand verankern als kleine und mittelständische.

Eine Studie der Zeitschrift „Wirtschaftsinformatik" bestätigt diese These. Zwischen Mituntersucheranzahl bzw. Umsatz sowie der personellen Verankerung der IT auf Vorstandsebene besteht demnach ein ausgeprägter positiver Zusammenhang (vgl. Riedl/Roithmayr 2008, 118).

### 5.3.3 Branche

Dieser Abschnitt betrachtet den Zusammenhang zwischen der Branche eines Unternehmens und die Wichtigkeit der Ressource „Information" innerhalb diesem. Branchen unterscheiden sich durch Produktionsfaktoren, die zu einem bestimmten Grad durch IKT unterstützt werden. Produkte aus Wirtschaftszweigen wie z.B. Banken, Versicherungen und Telekommunikationsunternehmen werden oftmals ausnahmslos durch IT abgebildet. Armin Heinzl behauptet, dass in diesen Unternehmen, die sich durch eine extrem hohe Informations- und/oder IKT-Intensität auszeichnen, ein CIO in der Zukunft einen Platz im Vorstand haben wird. Hinzu kommen Unternehmen, die durch den innovativen Einsatz von IKT neue Produkte, Prozesse, Vertriebswege und Geschäftsmodelle ermöglichen und damit ihre Wettbewerbsposition verändern (vgl. Heinzl 2001, 411).

Auch Riedl und Roithmayr untersuchten diese These. Sie kamen zu dem Ergebnis, dass IT-Verantwortliche aus den Branchen der Banken, der Versicherungen und des Transportwesens, mit ca. 57%, sich deutlich häufiger im Vorstand etablieren konnten, als ihre Kollegen aus der Rohstoffbranche (16%) und der Automobilindustrie (18%) (vgl. Riedl/Roithmayr 2008, 118-119).

# 6    Ergebnisse der Untersuchung und Ausblick

Die Ausführungen haben gezeigt, dass sich der CIO seiner neuen Rolle als strategischer Gestalter annehmen muss. Neben der Veränderung von Erfolgsfaktoren innerhalb des Unternehmens und der erfolgversprechenden Karrierepfade, werden sich die zukünftigen Aufgaben der IT-Abteilungen nur partiell von den Gegenwärtigen unterscheiden.

Die Untersuchung aktueller und zukünftiger Herausforderungen der IT-Organisationen, mit ihrem Einfluss auf den Tätigkeitsbereich des CIO, verdeutlichte die Erwartungen der Unternehmen an die IT. Es stellte sich heraus, dass die Hauptaufgabe in der kostengünstigen Bereitstellung einer einwandfrei funktionierenden IT-Infrastruktur liegt. Erst nachdem das Risiko eines Betriebsausfalls minimiert ist, kann dieses System mittels innovativer Hard- und Software erweitert werden. Darüber hinaus zeigte sich, dass dieser Trend auch in der Zukunft fortgesetzt wird. Die Kostenreduzierung, durch einen zunehmenden Outsourcinggrad und die Analyse und Optimierung von Geschäftsprozessen, wird in Zukunft verstärkt in den Fokus des Verantwortungsbereichs des CIO rücken. Diese praxisorientierten Ergebnisse widersprechen theoretischen Ansätzen, welche davon ausgehen, dass das Innovationspotenzial der IT in Zukunft immer mehr Produkte, Prozesse und Geschäftsmodelle verändern wird. In der durchgeführten Untersuchung zeigte sich diese Entwicklung für die Zukunft jedoch als rückläufig.

Die Analyse der Werdegänge hat neue Erkenntnisse in Bezug auf erfolgreiche Karrieren für IT-Leiter hervorgebracht. So zeigt sich, dass mit Zunahme der Bedeutung der IT als Wettbewerbsfaktor ein zunehmendes Businessverständnis gefragt ist. Ausbildungen entwickeln sich von der technischen Fachrichtung immer weiter in Richtung Wirtschaftswissenschaften. Auch die nach dem Praxiseinstieg, historisch gängige, „IT-Schornsteinkarriere" ist heutzutage nicht mehr erfolgversprechend. Zukünftige CIOs sollten diese eher als Businesskarriere mit Fokus auf IT planen. Durch Ergebnis- und Geschäftsverantwortung in der IT-Abteilung, als auch im Fachbereich, können die notwendigen Erfahrungen gesammelt werden. Zudem versprechen zusätzliche Führungskompetenzen und Beratungsfähigkeiten einen bedeutenden Vorteil im Umgang mit Menschen.

Eine Betrachtung der innerbetrieblichen Erfolgsfaktoren und Kernkompetenzen des CIO hat Veränderungen festgestellt, welche auf seine strategische Ausrichtung zurückzuführen sind. Insbesondere im innerbetrieblichen Managementprozess muss sich der CIO als neue Führungskraft etablieren. Wie jeder Manager muss er zunächst das Unternehmen und seine internen Prozesse verstehen, um diese später mitgestalten zu können. Durch dieses Verständnis ist es ihm möglich, sich eindeutig zum Business zu positionieren. Als Leiter der IT-Abteilung hat er darüber hinaus die Führungsaufgaben ein effizientes Team aufzubauen und zu strukturieren. Die Untersuchung hat des Weiteren ergeben, dass der CIO selbst einen positiven Einfluss auf seine Positionierung im Unternehmen bewirken kann. Erfolgreich durchgeführte Projekte geben ihm das nötige Vertrauen anderer Führungskräfte, um sich in seiner Rolle geschäftskritischeren Tätigkeiten zu widmen. Durch diese Glaubwürdigkeit kann er sich zudem ein Beziehungsnetzwerk einflussreicher Stakeholder aufbauen, welches ihm beim Aufstieg seiner hierarchischen Positionierung verhilft. Das erfolgreiche Zusammenwirken all dieser Faktoren ermöglicht dem CIO letztendlich die Entwicklung einer IT-Strategie. Hierfür benötigt er eine Vision, eine effiziente IT-Abteilung und das Vertrauen des Vorstandes. Die durchgeführte Umfrage hat ergeben, dass CIOs mit einer effizienten IT-Strategie einen bedeutenden Einfluss auf die Unternehmensstrategie bewirken können.

Die Untersuchungen innerhalb der Untersuchung haben auch gezeigt, dass die Entwicklung des strategischen CIO innerhalb des Unternehmens noch nicht abgeschlossen ist. Es wurde belegt, dass immer mehr Unternehmen das Wertschöpfungspotenzial der IT erkennen und diese zunehmend personell auf Vorstandsebene verankern. In einer weiteren Forschung könnte dieser Trend auf Risiken analysiert werden. Bspw. könnte untersucht werden, wie sich die Positionierung des CIO verändern würde, wenn Carr mit seinen Thesen Recht behalten sollte.

Es hat sich gezeigt, dass die Thematik des CIO-Konzepts trotz der 20 Jahre auch in Zukunft noch weiteren Diskussions- und Forschungsbedarf bietet.

# Anhang

---

**Fragen zum Tätigkeitsbereich und zur Positionierung im Unternehmen**

---

1   Wie schätzen Sie die folgenden Aufgaben des IT-Bereichs in Ihrem Unternehmen <u>gegenwärtig</u> ein?

sehr wichtig  1  2  3  4  5  sehr unwichtig

| | |
|---|---|
| 1.1 Die Sicherheit der unternehmensinternen Daten gewährleisten | ☐☐☐☐☐ |
| 1.2 Den einwandfreien Betrieb der IT sicherstellen | ☐☐☐☐☐ |
| 1.3 Durchführung von Schulungen | ☐☐☐☐☐ |
| 1.4 Koordination mit externen Partnern | ☐☐☐☐☐ |
| 1.5 Einführung neuer Software / Hardware | ☐☐☐☐☐ |
| 1.6 Analyse und Optimierung von Geschäftsprozessen | ☐☐☐☐☐ |
| 1.7 Sonstiges: _____ | ☐☐☐☐☐ |

2   **Wie schätzen Sie die folgenden Aufgaben des IT-Bereichs in Ihrem Unternehmen für die nächsten <u>5 Jahre</u> ein?**

sehr wichtig  1  2  3  4  5  sehr unwichtig

| | |
|---|---|
| 2.1 Die Sicherheit der unternehmensinternen Daten gewährleisten | ☐☐☐☐☐ |
| 2.2 Den einwandfreien Betrieb der IT sicherstellen | ☐☐☐☐☐ |
| 2.3 Durchführung von Schulungen | ☐☐☐☐☐ |
| 2.4 Koordination mit externen Partnern | ☐☐☐☐☐ |
| 2.5 Einführung neuer Software / Hardware | ☐☐☐☐☐ |
| 2.6 Analyse und Optimierung von Geschäftsprozessen | ☐☐☐☐☐ |
| 2.7 Sonstiges: _____ | ☐☐☐☐☐ |

3   **Welche Bedeutung haben die folgenden Fähigkeiten für einen Chief Information Officer?**

sehr wichtig  1  2  3  4  5  sehr unwichtig

| | |
|---|---|
| 3.1 Wissen über Informationstechnologie | ☐☐☐☐☐ |
| 3.2 Erfahrung mit Informationstechnologie | ☐☐☐☐☐ |
| 3.3 Verständnis für allgemeine wirtschaftliche Zusammenhänge | ☐☐☐☐☐ |
| 3.4 Verständnis für unternehmensinterne Geschäftsprozesse | ☐☐☐☐☐ |
| 3.5 Soziale Kompetenzen | ☐☐☐☐☐ |
| 3.6 Strategisches Denken | ☐☐☐☐☐ |
| 3.7 Persönliche Vernetzung im Unternehmen | ☐☐☐☐☐ |
| 3.8 Sonstiges: _____ | ☐☐☐☐☐ |

4   **Welche Rolle spielt die IT bei der Umsetzung der Unternehmensstrategie?**

sehr große Rolle ☐☐☐☐☐ keine große Rolle

5   **Welche Herausforderung der IT steht in Ihrem Unternehmen mehr im Vordergrund?**

Steigerung der Innovationsfähigkeit ☐☐☐☐☐ Steigerung der Effizienz

---

## Fragen zum Geschäftsmodell

6   Wie würden Sie den IT-Bereich Ihres Unternehmens beschreiben?

     reines Profit Center ☐    mehr Profit Center ☐    beides ☐    mehr Cost Center ☐    reines Cost Center ☐

7   Wie ist in Ihrem Unternehmen die IT organisatorisch eingegliedert?

     Teil des Geschäftsbereichs ☐    IT-Abteilung ☐    Externer Dienstleister ☐    Shared Service Center ☐

     Sonstiges: ☐ _____

8   An wen berichten Sie?

     Aufsichtsrat ☐    Vorstand ☐    Leiter Geschäftsbereich ☐    COO / CIO ☐    Sonstiges: ☐ _____

9   Wie viel Prozent der IT-Leistungen werden von externen Partnern bezogen?

     0-20 % ☐    21-40 % ☐    41-60 % ☐    61-80 % ☐    81-100 % ☐

10   Wie würden Sie die Bedeutung folgender Faktoren für den Erfolg des Geschäftsmodells Ihres Unternehmens/Geschäftsbereich beurteilen?

     sehr wichtig 1   2   3   4   5   sehr unwichtig

| | sehr wichtig 1 | 2 | 3 | 4 | 5 sehr unwichtig |
|---|---|---|---|---|---|
| 10.1 Schnelle Verfügbarkeit von Kundendaten | ☐ | ☐ | ☐ | ☐ | ☐ |
| 10.2 Persönlicher Kontakt zum Kunden | ☐ | ☐ | ☐ | ☐ | ☐ |
| 10.3 Internet als Vertriebskanal nutzen | ☐ | ☐ | ☐ | ☐ | ☐ |
| 10.4 Lieferantenmanagement pflegen | ☐ | ☐ | ☐ | ☐ | ☐ |
| 10.5 Konkurrenzsituation analysieren | ☐ | ☐ | ☐ | ☐ | ☐ |
| 10.6 Politisches / regulatorisches Umfeld beobachten | ☐ | ☐ | ☐ | ☐ | ☐ |
| 10.7 Produkt- /Prozessinnovation vorantreiben | ☐ | ☐ | ☐ | ☐ | ☐ |
| 10.8 Maßnahmen zur Kostenkontrolle | ☐ | ☐ | ☐ | ☐ | ☐ |
| 10.9 Maßnahmen zur Effizienzsteigerung | ☐ | ☐ | ☐ | ☐ | ☐ |
| 10.10 Sonstiges: _____ | ☐ | ☐ | ☐ | ☐ | ☐ |
| 10.11 Sonstiges: _____ | ☐ | ☐ | ☐ | ☐ | ☐ |

## Fragen zur Person / zum Unternehmen

11   Wie alt sind Sie?      unter 21 ☐    21-30 ☐    31-40 ☐    41-50 ☐    51-60 ☐    über 60 ☐

12   Wie viele MitarbeiterInnen umfasst Ihr IT-Verantwortungsbereich?

     unter 10 ☐    11-50 ☐    51-100 ☐    101-500 ☐    über 500 ☐

13   Wie würden Sie ihre Ausbildung beschreiben?

     sehr betriebswirtschaftlich orientiert ☐ ☐ ☐ ☐ ☐ sehr technikorientiert

     Studiengang = _____

14   In welchem Bereich haben Sie Ihre Karriere begonnen?

     Fachbereich (Controlling...) ☐    IT Abteilung (Rechenzentrum...) ☐    Sonstiges: _____

15   In welchen Bereichen haben Sie bis zum gegenwärtigen Zeitpunkt bisher mehrheitlich gearbeitet?

     Betriebswirtschaftliche Bereiche ☐ ☐ ☐ ☐ ☐ Technische Bereiche

16   Wie wird Ihre Position im Unternehmen bezeichnet?

_____

17   Geben Sie in kurzen Stichworten Ihre Ausbildungs- und Karrierestationen an.

_____

_____

_____

_____

**Wie schätzen Sie die folgenden Aufgaben des IT-Bereichs in Ihrem Unternehmen gegenwärtig ein?**

Sehr wichtig       = 5

Sehr unwichtig     = 1

| | Arithmetisches Mittel |
|---|---|
| Die Sicherheit der unternehmensinternen Daten gewährleisten | 4,577 |
| Den einwandfreien Betrieb der IT sicherstellen | 4,788 |
| Durchführung von Schulungen | 2,788 |
| Koordination mit externen Partnern | 3,769 |
| Einführung neuer Software/Hardware | 3,804 |
| Analyse und Optimierung von Geschäftsprozessen | 4,176 |

**Wie schätzen Sie die folgenden Aufgaben des IT-Bereichs in Ihrem Unternehmen für die nächsten 5 Jahre ein?**

Sehr wichtig       = 5

Sehr unwichtig     = 1

| | Arithmetisches Mittel |
|---|---|
| Die Sicherheit der unternehmensinternen Daten gewährleisten | 4,712 |
| Den einwandfreien Betrieb der IT sicherstellen | 4,731 |
| Durchführung von Schulungen | 2,904 |
| Koordination mit externen Partnern | 4,153 |
| Einführung neuer Software/Hardware | 3,635 |
| Analyse und Optimierung von Geschäftsprozessen | 4,635 |

**Welche Bedeutung haben die folgenden Fähigkeiten für einen Chief Information Officer?**

Sehr wichtig         = 5
Sehr unwichtig       = 1

|  | Arithmetisches Mittel |
|---|---|
| Wissen über Informationstechnologie | 3,962 |
| Erfahrung mit Informationstechnologie | 3,941 |
| Verständnis für allgemeine wirtschaftliche Zusammenhänge | 4,250 |
| Verständnis für unternehmensinterne Geschäftsprozesse | 4,827 |
| Soziale Kompetenzen | 4,519 |
| Strategisches Denken | 4,846 |
| Persönliche Vernetzung im Unternehmen | 4,538 |

**Welche Rolle spielt die IT bei der Umsetzung der Unternehmensstrategie?**

Sehr große Rolle         = 1
Keine große Rolle        = 5

|  | Häufigkeit | relative Häufigkeit |
|---|---|---|
| 1 | 17 | 32,7 % |
| 2 | 29 | 55,8 % |
| 3 | 4 | 7,7 % |
| 4 | 2 | 3,8 % |
| 5 | 0 | 0 % |
| Gesamt | 52 | |

**Welche Herausforderung der IT steht in Ihrem Unternehmen mehr im Vordergrund?**

Steigerung der Innovationsfähigkeit = 1

Steigerung der Effizienz = 5

|  | Häufigkeit | relative Häufigkeit |
|---|---|---|
| 1 | 4 | 8,2 % |
| 2 | 11 | 22,4 % |
| 3 | 10 | 20,4 % |
| 4 | 19 | 38,8 % |
| 5 | 5 | 10,2 % |
| Gesamt | 49 | |

**Wie viel Prozent der IT-Leistungen werden von externen Partnern bezogen?**

|  | Häufigkeit | relative Häufigkeit |
|---|---|---|
| 0 – 20 % | 15 | 28,8 % |
| 21 – 40 % | 20 | 38,5 % |
| 41 – 60 % | 4 | 7,7 % |
| 61 – 80 % | 8 | 15,4 % |
| 81 – 100 % | 5 | 9,6 % |
| Gesamt | 52 | |

**Wie alt sind Sie?**

|  | Häufigkeit | relative Häufigkeit |
|---|---|---|
| unter 21 | 0 | 0% |
| 21 – 30 | 0 | 0% |
| 31 – 40 | 6 | 11,5% |
| 41 – 50 | 31 | 59,6 % |
| 51 – 60 | 14 | 26,9 % |
| über 60 | 1 | 1,9 % |
| Gesamt | 52 | |

**Wie viele MituntersucherInnen umfasst Ihr IT-Verantwortungsbereich?**

|  | Häufigkeit | relative Häufigkeit |
|---|---|---|
| unter 10 | 5 | 9,6 % |
| 11 – 50 | 14 | 26,9 % |
| 51 – 100 | 9 | 17,3 % |
| 101 – 500 | 13 | 25,0 % |
| über 500 | 11 | 21,2 % |
| Gesamt | 52 | |

## Wie würden Sie Ihre Ausbildung beschreiben?

Sehr betriebswirtschaftlich orientiert     = 1

Sehr technikorientiert     = 5

|  | Häufigkeit | relative Häufigkeit |
|---|---|---|
| 1 | 5 | 9,8 % |
| 2 | 9 | 17,6 % |
| 3 | 19 | 37,3 % |
| 4 | 16 | 31,4 % |
| 5 | 2 | 3,9 % |
| Gesamt | 51 | |

## Studiengang

| Studiengang | Häufigkeit | relative Häufigkeit |
|---|---|---|
| Betriebswirtschaftslehre | 13 | 31,0 % |
| Physik/Mathe | 8 | 19,0 % |
| Wirtschaftsinformatik | 6 | 14,3 % |
| Elektrotechnik | 5 | 11,9 % |
| Wirtschaftsingenieur | 4 | 9,5 % |
| Nachrichtentechnik | 2 | 4,8 % |
| Maschinenbau | 1 | 2,4 % |
| Informatik | 1 | 2,4 % |
| Luft- und Raumfahrttechnik | 1 | 2,4 % |
| Sozialwissenschaften | 1 | 2,4 % |
| Gesamt | 42 | |

**In welchem Bereich haben Sie Ihre Karriere begonnen?**

|  | Häufigkeit | relative Häufigkeit |
|---|---|---|
| IT-Abteilung | 26 | 51,0 % |
| Fachbereich (Controlling...) | 11 | 21,6 % |
| Unternehmensberatung | 8 | 15,7 % |
| Forschung und Entwicklung | 4 | 7,8 % |
| Produktion/Konstruktion | 1 | 2,0 % |
| Wirtschaftsprüfung | 1 | 2,0 % |
| Gesamt | 51 | |

**In welchen Bereichen haben Sie bis zum gegenwärtigen Zeitpunkt mehrheitlich untersucht?**

Mehr Betriebswirtschaftliche Bereiche     = 1

Mehr Technisches Bereiche     = 5

|  | Häufigkeit | relative Häufigkeit |
|---|---|---|
| 1 | 3 | 5,7 % |
| 2 | 13 | 25,0 % |
| 3 | 18 | 34,6 % |
| 4 | 16 | 30,8 % |
| 5 | 2 | 3,8 % |
| Gesamt | 52 | |

# Literaturverzeichnis

Aalders, R., Hind, P., Management für IT-Leiter, John Wiley & Sons, Weinheim 2002

Biethahn, J., Mucksch, H., Ruf, W., Ganzheitliches Informationsmanagement, 6. Aufl., R. Oldenbourg, München-Wien 2004

Boyle, R.D., Burbridge, J.J., Who needs a CIO, in: The Executive's Journal 4 (1991) 7, 12-18

Brenner, W., Witte, C., Erfolgsrezepte für CIOs: Was gute Informationsmanager ausmacht, Carl Hanser Verlag, München-Wien 2007.

Broadbent, M., Kitzis, E.S., The New CIO Leader - Setting the Agenda and Delivering Results, Harvard Business School Publishing, Boston, Massachusetts, 2005

Burr, W., Service-Level-Agreements: Arten, Funktionen und strategische Bedeutungen, in: Bernhard, M.G., Mann, H., Lewandowski, W., Schrey, J. (Hrsg.): Praxishandbuch Service-Level-Management: Die IT als Dienstleistung organisieren, Symposion, Düsseldorf 2003, 33-44

Carr, N.G., IT Doesn't Matter, in: Harvard Business Review, (2003) 5, 5-12

Carr, N.G., Does IT Matter?, Harvard Business School Publishing, Boston, Massachusetts, 2004

Chabrow, E.R., CIOs at the Crossroads, in: CIO Insight, (2008) 1, 13

Daum, M., Häberle, O., Lischka, I., Krcmar, H., THE CHIEF INFORMATION OFFICER IN GERMANY– SOME EMPIRICAL FINDINGS, 2004, http://is2.lse.ac.uk/asp/aspecis/20040040.pdf, 8, 03.05.2008

Dietrich, L., Die ersten 100 Tage des CIO – „Quick Wins" und Weichenstellung, in: Dietrich, L., Schirra, W. (Hrsg.): IT im Unternehmen, Springer, Berlin-Heidelberg 2004, 45-82

Earl, M.J., The Chief Information Officer: Past, Present and Future, in: Earl, M.J. (Hrsg.): Information Management: The Organizational Dimension, Oxford University Press, New York 2003, 456-484

Enns, H.G., Huff, S.L., Chief Information Officer Influence: An Exploratory Study, 2000, http://is2.lse.ac.uk/asp/aspecis/20000195.pdf, 7, 14.05.2008, 5

Feeny, D.F., Edwards, B.R., Simpson, K.M., Understanding the CEO/CIO Relationship, in: MIS Quarterly, (1992) 12, 435-448

Fröhlich, M., Glasner, K., IT-Governance: Leitfaden für eine praxisgerechte Implementierung, Gabler-Verlag, Wiesbaden 2007

Ghezzo, M., Vom IT-Leiter zum CIO - Das Rollenbild hat sich verändert, 07.01.2008, http://www.itirol.at/news/22978.html, 3, 12.03.2008, 1

Heinrich, L. J., Lehner, F. Informationsmanagement, 8. Aufl., R. Oldenbourg, München-Wien 2005

Heinzl, A., Die Rolle des CIO in der Unternehmung, in: Wirtschaftsinformatik, 43(2001) 4, 410-412

Huff, S.L., Maher, P.M., Munro, M.C., Information Technology and the Board of Directors: Is there an IT Attention Deficit?, in: MIS Quarterly Executive, 5(2006) 2, 55-68

Kirchmann, E. M. W., Die gewandelte Rolle des CIO, 2004, http://home.arcor.de/edgar.kirchmann/Attachments/CIO.pdf, 6, 02.05.2008, 1-6

Köhler, P.T., ITIL. Das IT-Servicemanagement Framework, Springer, Berlin-Heidelberg, 2005

Krcmar, H., Informationsmanagement, 4.Aufl., Springer, Berlin-Heidelberg 2005

Kwak, M., Technical Skills, People Skills: It's Not Either/Or, in: MIT Sloan Management Review, 42 (2001) 3, 16

Laplante, P.A., Costello, T., CIO Wisdom II - More Best Practices, Pearson, Crawfordsville, 2005

Lienemann, G., ITIL - Change Management: Hinweise und Vorgehensweisen aus der Praxis, Heise, Hannover, 2006

Oehlmann, D., Der Sarbanes-Oxley Act und seine Auswirkungen auf die Abschlussprüfung deutscher Unternehmen, o.J., http://www.law-and-business.de/www_law-and-business_de/content/e153/e407/e907/D.Oehlmann,Sarbanes-OxleyActundseineAuswirkungenaufdeutscheUnternehmen,IBL-ReviewVol.4,2005_ger.pdf, 80, 20.04.2008, 12

Penrod, J.I., Dolence, M.G. Douglas, J.V., The Chief Information Officer in Higher Education:The Association for the Management of Information Technology in Higher Education, Boulder, Colorado, 1990

Penzel, H.-G., Hat der CIO im Vorstand eine Zukunft?, 04.2001, http://www.wirtschaftsinformatik.de/index.php;do=show/site=wi/sid=6511213314821bcaf07e93785239779/alloc=12/id=1001, 2, 22.04.2008, 1

Polansky, M., Inuganti, T., Wiggins, S., The 21st Century CIO: Driving Value Across the Enterprise, in: Business Strategy Review, 15(2004) 2, 29-33

Porter, M.E., Millar, V.E., How information gives you competitive advantage,in: Harvard Business Review, 63 (1985) 4, 149-160.

Prewitt, E., Ware, L.C., State of the CIO 2006, 2007, http://www.cio.com/archive/010106/JAN1SOC.pdf, 8, 26.04.08, 2-8

Quack, K., Wer nicht liefert, ist tot, in; Computerwoche, (2006) 44, 30

Reiter, M., Gartner IT-Xpo: Fachfremde CIOs genießen ein höheres Ansehen, 05.11.2007, http://computerzeitung.de/loader?path=/articles/2007046/31291696_ha_CZ.html&art=/articles/2007046/31291696_ha_CZ.html&thes=&pid=ee54f3c7-0de1-40f5-bb23-2cfdf022aee5, 4, 05.05.2008, 2-3

Riedl, R., Roithmayr, F., Zur personellen Verankerung der IT-Funktion im Vorstand börsennotierter Unternehmen: Ergebnisse einer inhaltsanalytischen Betrachtung, in: Wirtschaftsinformatik, (2008) 2, 111-128

Ross, J.W., Feeny, D.F., The Evolving Role of the CIO, 1999, http://dspace.mit.edu/bitstream/1721.1/2758/1/SWP-4089-43797710-CISR-308.pdf, 24, 29.04.2008, 13

Sackarendt, M., Der CIO aus dem Blickwinkel des Business, in: Gora, W. (Hrsg.): InformationsManagement: Handbuch für die Praxis, Springer, Berlin 2003, 157-170

Sarsam, R., CIOs entwickeln sich zu Chief Process Officers, 07.06.2005, http://www.cio.de/karriere/cios_im_portrait/810380/index1.html, 4, 25.04.2008, 2

Schubert, K. D., CIO Survical Guide - The Roles and Responsibilities of the Chief Information Manager, John Wiley & Sons, Hoboken, New Jersey, 2004

Schweizer, M., Diese Skills bringen Sie nach oben, 20.03.2008, http://www.computerwoche.de/job_karriere/personal_management/1858953/index.html, 5, 07.05.2008, 4

Soat, S., The Evolution of the CIO, in: InformationWeek, (2008) 1, 30-33

Stroisch, J., Berufsbild des Chef-Informatikers wandelt sich, 05.11.2007, http://www.wiwo.de/unternehmer-maerkte/berufsbild-des-chef-informatikers-wandelt-sich-239940, 2, 03.05.2008, 1

Synnott, W.R., Gruber, W.H., Information Resource Management: Opportunities and Strategies for the 1980s, John Wiley & Sons, New York 1981

Synnott, W.R., The Information Weapon. Winning Customers and Marketes with Technology, John Wiley & Sons, New York 1987

Tapscott, D., The Engine That Drives Success, 01.05.2004, http://www.newparadigm.com/media/CIO-BusinessModels.pdf, 6, 14.04.2008, 5

Tozer, J., Führungsqualitäten, in: Aalders, R., Hind, P. (Hrsg.): Management für IT-Leiter, John Wiley & Sons, Weinheim 2002

U.S. Office of personnel management, Executive Core Qualifications, o.J., 4, http://www.opm.gov/ses/ecq.asp, 13.05.2008, 3

von den Eichen, S.A.F., Hinterhuber, H.H., Matzler K., Entwicklungslinien des Kompetenzmanagements, Deutscher Universitätsverlag, Wiesbaden 2004